iCourse·教材

普通高等学校武术与民族传统体育专业教材

传统体育养生理论

国家体育总局科教司 组编

胡晓飞 主编

中国教育出版传媒集团

高等教育出版社·北京

内容简介

本书为国家体育总局科教司组织编写的运动员文化教育统编教材，也是普通高等学校武术与民族传统体育专业教材。本书主要内容包括传统体育养生概述、传统体育养生的沿革、传统体育养生基础理论、传统体育养生"三调"理论与方法、传统体育养生功法功理、传统体育养生教学、传统体育养生交流比赛的组织与规则。本书可作为普通高等学校武术与民族传统体育专业普修课教材，也可作为高职高专学校体育专业教材和体育类研究生教材，还可作为社会体育指导员的学习参考书，以及广大养生健身爱好者的工具性知识读物。

编委会

顾　　问：崔乐泉（国家体育总局体育文化发展中心）
主　　编：胡晓飞（北京体育大学中国武术学院）
成　　员（按姓氏笔画排序）：
　　　　　王巾轩（北京体育大学中国武术学院）
　　　　　王晓军（北京体育大学中国武术学院）
　　　　　庄永昌（北京体育大学中国武术学院）
　　　　　刘晓蕾（北京体育大学中国武术学院）
　　　　　李金龙（山西大学体育学院）
　　　　　李梦桐（太原工业学院体育系）
　　　　　杨　慧（北京体育大学中国武术学院）
　　　　　杨玉冰（北京体育大学中国武术学院）
　　　　　冷传奇（南京体育学院武术与艺术学院）
　　　　　张永宏（北京体育大学中国武术学院）
　　　　　张津铷（北京体育大学中国武术学院）
　　　　　袁　点（武汉体育学院武术学院）
　　　　　彭翔吉（北京体育大学中国武术学院）
　　　　　雷　斌（武汉体育学院武术学院）
　　　　　蔡　莉（广州体育学院武术学院）
　　　　　魏胜敏（石家庄学院体育学院）

前　言

文化是一个民族的血脉，是人民的精神家园。古往今来，任何民族的发展与国家振兴，归根结底都是以文化的兴盛为支撑的。习近平总书记多次强调："我们要坚定中国特色社会主义道路自信、理论自信、制度自信，说到底是要坚定文化自信。"而要坚定文化自信，需要良好的载体、科学的方法、有效的措施。2017年1月，中共中央办公厅、国务院办公厅印发了《关于实施中华优秀传统文化传承发展工程的意见》，要求围绕立德树人根本任务，遵循学生认知规律和教育教学规律，把中华优秀传统文化全方位融入学校教育的各环节和各领域。

传统体育养生是中华传统中医养生和健身文化的核心内容，其源流深邃、理论完善、体系科学、简单实用、效果显著，是继承、传播中华优秀传统文化的有效手段和传播载体。在高校开设传统体育养生课程，有助于学生增进健康，建立合理生活方式，加强对中华优秀传统文化的体验，提升学生的文化自信，进而为弘扬中华优秀传统文化、助力健康中国战略服务。全面、系统、科学地了解和认识传统体育养生文化内涵，不断挖掘、整理古人优秀的养生理论与方法，在创新的基础上传承体育养生文化，是高校武术与民族传统体育专业人才培养和学科建设的重要内容。

为总结梳理近年来我国体育养生领域的新思想、新发展和新趋势，贯彻落实国家体育总局、教育部、财政部、人力资源和社会保障部《关于进一步加强运动员文化教育和运动员保障工作的指导意见》等文件精神，受国家体育总局科教司和高等教育出版社的委托，我们组织编写了本教材。同时，本教材也是全国运动员文化教育统编教材及"传统体育养生理论"在线课程的配套教材。

本教材以扩充专业基础知识、提高教学质量和培养多能创新型人才为宗旨，充分体现了《普通高等学校本科专业类教学质量国家标准》中对武术与民族传统体育专业人才培养的具体要求。教材编写特色主要体现在：

一是突出课程的思想政治性，深刻挖掘传统体育养生所承载的儒释道武医哲学思想、价值追求与文化内涵，大力弘扬"中和之道""天人合一""群己合一""身心合一"等核心理念，以及其在"构建社会主义和谐社会""构建人类命运共同体"中的作用。与此同时，本着"取其精华，去其糟粕"的思想，本教材严格剔除古代体育养生中违反科学道理、具有封建迷信的内容，使学生正确认识我国传统文化，树立科学、正确的思想，进而在自我实践、组织教学、传播推广中发挥良好作用。

二是体现当代我国传统体育养生发展的最新成果，从纵横两个方面系统整理了传统体育养生的概念、源流、文化内涵、理论基础、方法原理、教学科研、竞赛推广等内容。

三是充分体现"互联网+"教材的时代特征，教材与在线课程一体化研发，并通过二维码链接微视频、教学案例、拓展阅读等资源，强化教材的实用性，力图体现学以致用的特色。

本教材由崔乐泉担任顾问、胡晓飞担任主编，具体编写分工如下：

第一章，李金龙（山西大学体育学院）、李梦桐（河南大学体育学院）；第二章，冷传奇（南京体育学院武术与艺术学院）、雷斌（武汉体育学院武术学院）；第三章，魏胜敏（石家庄学院体育学院）、杨玉冰（北京体育大学中国武术学院）、王晓军（北京体育大学中国武术学院）、张永宏（北京体育大学中国武术学院）；第四章，胡晓飞（北京体育大学中国武术学院）、袁点（武汉体育学院武术学院）；第五章，蔡莉（广州体育学院武术系）、张津朐（北京体育大学中国武术学院）、彭翔吉（北京体育大学中国武术学院）、王巾轩（北京体育大学中国武术学院）、刘晓蕾（北京体育大学中国武术学院）；第六章，庄永昌（北京体育大学中国武术学院）；第七章，杨慧（北京体育大学中国武术学院）。全书由胡晓飞、张永宏负责统稿。

本教材在线课程由胡晓飞总负责、彭翔吉协助，各章主讲人如下：

第一章，李金龙（山西大学体育学院）；第二章，张永宏（北京体育大学中国武术学院）；第三章，魏胜敏（石家庄学院体育学院）、王晓军（北京体育大学中国武术学院）；第四章，胡晓飞（北京体育大学中国武术学院）；第五章，彭翔吉（北京体育大学中国武术学院）；第六章、第七章，庄永昌（北京体育大学中国武术学院）。视频拍摄与后期剪辑制作由华成文创袁庆工作室完成。

本教材的出版得到了国家体育总局科教司的指导与关心，得到了兄弟院校体育养生和中医养生领域专家的帮助与鼓励，得到了高等教育出版社高级编辑易星辛、编辑杨琛的全程把关与支持，在此一并表示感谢。

  传统体育养生是一门古老而新兴的学科，其理论浩瀚而深邃，承载着中华民族的优秀文化，蕴含着我国先民的卓越智慧，其中，大量的文化瑰宝有待持续挖掘与继承，而一些糟粕亟待甄别剔除。因此，我们需要坚持守正创新的原则，不断推进学科的更新、发展和完善，以促进学科的整体发展。

  因为水平有限，书中难免存在不妥之处，恳请广大读者和专家批评指正。

《传统体育养生理论》编委会

2022年6月

目 录

第一章 传统体育养生概述 1
  第一节 传统体育养生的相关概念 2
  第二节 传统体育养生的分类 4
  第三节 传统体育养生的基本特点与基本功能 11
  第四节 传统体育养生的学习目的与学习要求 15

第二章 传统体育养生的沿革 17
  第一节 先秦时期的传统体育养生 18
  第二节 秦汉时期的传统体育养生 19
  第三节 魏晋南北朝时期的传统体育养生 23
  第四节 隋唐五代时期的导引术 25
  第五节 宋辽金元时期的健身气功 28
  第六节 明清时期的传统体育养生 31
  第七节 近现代的传统体育养生 35

第三章 传统体育养生基础理论 39
  第一节 传统体育养生的哲学基础 40

第二节　传统体育养生的中医学基础　49

第三节　传统体育养生的生理学基础　55

第四节　传统体育养生的心理学基础　64

第四章　传统体育养生"三调"理论与方法　77

第一节　调身理论与方法　78

第二节　调息理论与方法　89

第三节　调心理论与方法　97

第五章　传统体育养生功法功理　105

第一节　太极拳　106

第二节　内养功　119

第三节　练功十八法　125

第四节　导引养生功　132

第五节　健身气功　136

第六章　传统体育养生教学　149

第一节　传统体育养生教学的基本特点与要求　150

第二节　传统体育养生教学阶段与步骤　153

第三节　传统体育养生教学中的练功偏差及其预防与纠正　154

第七章　传统体育养生交流比赛的组织与规则　159

第一节　传统体育养生交流比赛概述　160

第二节　传统体育养生交流比赛的组织　163

第三节　传统体育养生交流比赛通则和评分　169

参考文献　173

第一章
传统体育养生概述

【章前导言】

本章主要对传统养生、传统体育、传统体育养生等概念进行了辨析与介绍；对传统体育养生的分类进行了梳理；阐述了传统体育养生的基本特点与基本功能。本章要求学生明确传统体育养生的目标，并从明理、立志、笃行三个方面达到传统体育养生的学习要求。

【学习目标】

1. 理解传统养生、传统体育、传统体育养生等概念及其逻辑关系。
2. 全面认识传统体育养生的基本特点与基本功能。
3. 了解明理、立志、笃行在学习传统体育养生中的重要性。

第一节　传统体育养生的相关概念

一、整体生命观与传统养生的概念

一般而言，生命观指的是对生命的本质及其构成因素的基本看法和观念。整体生命观是我国传统的生命观，主要以我国传统医学的生命观为代表。从人体生命的内部构成而言，中医学认为，人体生命是由形、气、神三个要素构成的，并且它们是相互关联、相互影响的一个整体。

传统体育养生的相关概念（一）

"形"被看作是人体生命活动的房舍。作为人体生命构成的一个要素，"形"是指人体的有形实体，它包括组织结构、脏腑形体官窍以及人体生命的活性物质。从生命起源来看，必须先有形体结构，然后才有生命功能活动。明代医学家张景岳就认为："形者神之体，神者形之用；无神则形不可活，无形则神无以生。"[1]

作为构成人体生命的基本要素，"气"是指充斥在人体生命之中的无形的非实体物质，它充斥在人体组织结构之中，弥散在有形实体的周围。"气"的基本运动形式包括升、降、出、入四种，又称作"气机"。《黄帝内经素问译释·六微旨大论》认为："出入废，则神机化灭；升降息，则气立孤危。故非出入，则无以生长壮老已；非升降，则无以生长化收藏。"[2] "气"被认为是人体生命活动的动力。

作为人体生命构成要素，"神"是指主宰人体生命的意识活动，包括人对外界的感知、反应和思维等。在人体形、气、神三个生命要素中，"神"对人体生命起主导作用。因此，"神"被看作是人体生命活动的主宰。三个要素在生理上相互联系，在病理上相互影响，它们之间相互作用、相互制约、相互协调，共同构成人体生命。

传统养生是我国古代基于"天人合一"的宇宙论、"身心合一"的生命观、"辨证治疗"的医学观而形成的一套养生哲学与实践技能体系，是中国人世代相传的有意识地通过各种方法和手段对人体生命进行调护、保养的思想和行为。传统养生之

---

[1] 李志庸. 张景岳医学全书［M］. 北京：中国中医药出版社，1999：363.

[2] 南京中医药大学. 黄帝内经素问译释［M］. 4版. 上海：上海科学技术出版社，2009：626.

"养",具有保养、护养、调养、补养的意思;而"生"的意思,就是指人体生命。

"养生"一词,最早见于《庄子·养生主》。庄子通过"庖丁解牛"的故事向人们讲述了"道进乎技"的养生哲理。养生思想是中国人的传统观念,健康长寿是中国人所追求的一种幸福境界。几千年的养生实践,积累了丰富多彩的养生手段和方法。

如果从人体生命内部构成而言,养生内容可以划分为养形、养气、养神三个部分。"养形"就是对身体的保养,"养气"就是对人体真气的保养,"养神"就是对人体精神的保养。如果从构成人体生命活动的外在表现形式来说,养生又可以分为饮食养生、起居养生、环境养生、四时养生、房中养生、动静养生、情志养生、药饵养生等类别。

二、传统体育与传统体育养生的概念

传统体育养生的相关概念(二)

"传统"一词有名词和形容词两个词性。当其作为名词时,是指世代相传、具有特点的社会因素,如文化传统、思想传统、制度传统等;当其作为形容词时,是指世代相传或相沿已久并具有特点的意思,如传统剧目、传统价值观、传统文化等。

"传统体育"中的"传统"一词为形容词。因此,传统体育是指一个国家或民族世代相传或相沿已久、至今仍在流传并具有特点的体育运动。"体育"是20世纪初由日本传入我国的词语,一般是指以身体活动为基本手段,以增强体质、促进健康、丰富社会文化为目的的一种社会活动。当然,关于体育本质的认识与理解众说纷纭,到目前为止,国内外学术界尚未达成完全一致的看法。

由传统体育的概念可知,传统体育存在于世界各个国家或民族,是人类文化活动的普遍现象。基于本书的编写目的和学习者的特点,本书所言之"传统体育"特指中华民族传统体育。

中华民族传统体育是指在中国近代之前产生发展、由中华民族世代实践并流传或影响至今的体育。[1]中华民族传统体育主要有三个组成部分:一是在个别或部分

---

[1] 周伟良. 中华民族传统体育概论高级教程[M]. 北京:高等教育出版社,2003:10.

民族中出现，并至今保持独特个性和有限传承范围的体育，如竿球；二是在我国远古和古代产生发展，并保留较为固定的形制，且影响至今的体育以及近似的体育活动，如射箭；三是在我国多个民族中出现，并逐渐成为我国乃至世界各民族普遍流行的体育活动，如武术、龙舟、风筝。

如果按照运动目的来划分中华民族传统体育，则其可以分为武术、导引、民俗民间体育三个组成部分。武术是以技击为主要目的，以套路和格斗（包括功法练习）为活动形式，注重内外兼修的我国传统体育项目，可以称作传统技击体育。导引，亦称气功，是由肢体活动、呼吸运动和心理调节三大技术结合而成的、以养生为目的的一类我国传统体育项目，可以称作传统养生体育。民俗民间体育则是指以丰富人们的业余文化生活为目的，流传于中华各民族群众之间成为风俗习惯的体育。民俗民间体育的基本特点是，该运动深刻反映各民族的生活习惯、文化特点、道德风尚和宗教观念，与各民族的传统节日相连接，并成为其不可或缺的重要活动内容。传统节日的由来大致分为四种类型，即起源于宗教祭祀活动、起源于农事活动、起源于社群娱乐活动、起源于择偶求育等性选择方面的活动。与之相关，民俗民间体育也往往与这四种类型的民族社会文化活动有关。

由上可见，如果从体育的视角来看，导引属于传统养生体育。如果从养生的视角来看，由于我国传统养生文化历史悠久、博大精深，传统养生在方法体系上可以划分为导引、服食药饵、房中补导三大流派，因而，以手段作为分类标准对养生进行分类，其可以分为导引养生、服食药饵养生、房中补导养生。

导引属于传统体育的范畴，所以，导引养生又可以称作传统体育养生，是指以导引作为主要手段的传统养生方式及其文化现象。

第二节　传统体育养生的分类

传统体育养生历史悠久，理论和方法所涉及的领域非常广泛，数量也较繁多，因而其分类方法也较多，例如，我们可以按照身体姿势将其划分为行功、站功、坐功、卧功；按照练功是否持有器械将其划分为徒手功法和器械功法；按照练功的效果将其划分为保健功、强体功、祛病功、益智功等。为了便于学习和认识传统体育养生的整体内容，下面，我们主要按照功法学派、功法流派、练功状态、练功内容等标准对其进行分类。

一、按照功法学派进行分类

（一）医家类传统体育养生

传统体育养生的分类（一）

中华民族在与恶劣的自然环境及自身的疾病进行斗争的过程中，发展出了我国的医学体系。现存最早的中医学经典著作《黄帝内经》就介绍了砭石、毒药、针灸、九针、导引按跷等五种医疗方法。其中，导引按跷就与传统体育养生具有密切关系。作为我国传统体育养生的主要手段，导引按跷一直沿用至今。汉代名医张仲景在其所著的《金匮要略》一书中记载了"导引吐纳，针灸膏摩"的治疗方法，他认为这种方法对于"四肢重滞""九窍闭塞"具有很好的疗治效果。[1] 名医华佗创编了"五禽戏"导引养生功法，他的学生吴普和樊阿用这个方法锻炼身体，都活到了百岁高龄。魏晋南北朝时期，导引养生得到了专门化发展，在嵇康的《养生论》《答难养生论》和张湛的《养生要集》，以及同一时期其他医学家的养生著作中，都有对导引养生的专门论述。隋唐时期导引养生在医疗上得到了广泛应用。巢元方、孙思邈把疾病的症候与施功的方法结合起来，最终完成了医学气功辨证施功的体系，为医学气功流派的形成奠定了基础。

（二）道家类传统体育养生

道家是一种哲学学派，西汉刘歆曾将先秦及汉初各家学说分为十家，即儒家、道家、阴阳家、法家、名家、墨家、纵横家、杂家、农家、小说家。道家的代表人物是老子和庄子。老子和庄子关于道体、道性、动静、无为、自然的思想奠定了道家哲学的基础。战国末期至汉初的黄老道尊奉黄帝与老子，在清净无为的宗旨下，追求身国同治，认为治理国家与调理身体（养生）的原则是一致的。到了东汉末年，张道陵创立了"五斗米道"，张角创立了"太平道"，也即后来人们所熟悉的

---

[1] 何任. 金匮要略校注［M］北京：人民卫生出版社，1990：3.

道教。道教主要是将巫术、神仙方术与神秘的阴阳五行学说和谶纬之学相结合,以宣扬神仙方术和长生不死为宗旨。道教信奉有关"道"的思想学说,尊奉老子为祖师,庄子也被奉为南华真人,所以后人将道家与道教所创立的气功理论与方法统称为"道家气功"。道家气功最具有代表性的功法是内丹术,其中以大小周天功法最广为人知。道家气功始于老庄,练功的基本原则是"道法自然""清静无为""返璞归真"等,道家所提倡的修炼技术包括导引吐纳、抱一守中、炼丹服食、胎息辟谷、性命双修等。

(三)儒家类传统体育养生

儒家是由孔子开创的哲学学派。一般认为儒家气功源自孔子,其主要理由是《庄子·人间世》中记载了孔子与颜回有关气功方面的论述:"回曰:'敢问心斋。'仲尼曰:'若一志!无听之以耳而听之以心,无听之以心而听之以气。听止于耳,心止于符。气也者,虚而待物者也。唯道集虚,虚者,心斋也。'"《庄子·大宗师》[1]也记载:"曰:'回坐忘矣。'仲尼蹴然曰:'何谓坐忘?'颜回曰:'堕肢体,黜聪明,离形去知,同于大通,此谓坐忘。'"[2]又由于孟子提倡"我善养吾浩然之气"(《孟子·公孙丑》)。所以,一般认为儒家气功就是其所提倡的养气静坐功。入静的方法是意念专一,听之以心;然后气息相融,神气合一;最后进入虚静境界。宋代儒家的代表人物程颢强调"只闭目静坐,为可以养心"。朱熹提倡"半日静坐,半日读书"。需要注意的是,儒家所倡导的养气与道家所谓的炼气有所不同,道家所炼之气属于人身与自然之气,而儒家所养之"浩然之气"则具有培养高尚道德情操的意涵。

(四)佛家类传统体育养生

佛家,又称释家。佛教在我国的流行开始于1世纪的汉明帝时期。当时,西域高僧迦摄摩腾、竺法兰白马驮经来到洛阳,汉明帝接待了他们[3],佛教正式传入

---

[1] 庄子[M].2版.方勇,译注.北京:中华书局,2015:53.
[2] 庄子[M].2版.方勇,译注.北京:中华书局,2015:119.
[3] 参考《牟子》,光绪元年(1875年)湖北崇文书局刻本。

我国。到了隋唐时期，佛教形成了著名的"八大宗"，发展到极盛。佛家气功主要指佛家所修持的禅定、止观等方法和技术。法华宗是最早开始融合佛教与我国传统文化的宗派，其修炼法门非常注重止观。禅宗的修行主要是禅定，但是禅定也离不开止观实践。所谓"止"，是指以一念代万念，逐渐减少杂念和思维的活动，以达到心如止水。"观"是指在不起念的状态下洞察心灵，以获得净化和解脱。

（五）武术类传统体育养生

武术的内容主要包括功法、套路、散打技击等三个方面。习武有"练武不练功，到老一场空"的格言，所练之"功"就是指武术气功。武术气功一般表述为"内练一口气，外练筋骨皮"。武术的功法练习是套路和技击的基础。武术气功的练习体现在呼吸上，一般有"提、托、聚、沉"四种。发力要求气力顺达，意念、呼吸、肢体配合一致。通过长期的吸气、吞气、吐气、运气、聚气、闭气、崩气等一系列呼吸与动作配合的练习，体内劲力在意念的指导下从身体的某一部位爆发出来，身体因而具有强大的击打能力和抗击打能力。

二、按照功法流派进行分类

（一）导引派

导引派是指以形体运动为主的功法流派。这里的"导引"之意是引外导内，即以肢体运动引导内气运行。导引派的外观特点是以运动肢体和自我按摩为主。按摩方法主要为推、拿、揉、捏、按、压、擦、搓、拍等。按摩可以调理气血、扶正祛邪。

传统体育养生的分类（二）

（二）吐纳派

吐纳派是指以呼吸调控为主的功法流派。吐为呼，纳为吸。吐纳派又分为吐气法、纳气法、胎息法三大类。吐气法以练呼气为主，呼气时配合发音或不发音。纳气法以练吸气为主，吸气后要求停闭至极，因此又称闭气法。胎息法要求呼吸缓慢、细微、深长、柔和，绵绵不绝，并想象呼吸由肚脐出入或由毛窍出入，故又称脐呼吸、体呼吸。

（三）静定派

静定派是指以凝神练意为主的功法流派。静定派强调意念集中、专注一境、精神内敛，以达到心如明镜、一尘不染的境界。这种养生功法类似于儒家的坐忘法、佛家的禅定法和道家的抱一守中法。

（四）存想派

存想派是指以意守默想为主的功法流派。存想即观想，存想的内容包括体内的组织器官系统或大自然中的景象，如返观内视五脏六腑、气血、经络，也可想象日月星辰、山川河流、苍松翠柏等。存想派用深度想象的方法集中意念，可以起到治疗作用，而且想象的景象越逼真，练功效果越显著。

（五）周天派

周天派是指以周天运气为主的功法流派。周天派又称内丹派，其修炼是在意守丹田的基础上，意气相依，使内气感觉沿任督二脉乃至奇经八脉周流运行的一派功法。沿任督二脉运行的方法称为小周天，沿奇经八脉运行的方法称为大周天。

三、按照练功状态进行分类

（一）动功

动功，也称作外功，它通过练功者肢体运动的不断变化，意气相随，起到畅通体内气血、舒筋活络的作用。动功功法的动作大致包括肢体的伸屈、拧转、俯仰等。动功按照一定的规律有节奏地运动，以达到强筋健骨、提高关节灵活性和加强全身气血流通的作用。在与呼吸配合上，有的动功功法强调呼吸与动作的协调配合，有的动功功法要求呼吸顺其自然，不强调注意呼吸。在与意念的配合方面，动功锻炼都要求在思想安静状态下进行，即要求动作与意念相结合，精神贯注，思想集中到每一个动作上。按照动功内练和外练的侧重点，又可以将其分为以下两类：

一是以内练为主的动功。这类功法要求肢体运动顺其自然，注意意念的调节和呼吸的锻炼，强调以意为主、劲由意生、力出自然、呼吸自然。这类功法的运动量相对较小，比较适合中老年人、体弱者和慢性病患者习练。

二是以外练为主的动功。这类功法的肢体活动幅度较大，有时还伴有发力动作

传统体育养生的分类（三）

以加强对肌肉、关节、韧带、骨骼的牵拉。这类功法能有效地发展肌肉力量、关节的灵活性和韧带的弹性。一般在蓄气时需要吸气，发力时需要呼气，以气助力，气力相合，力贯四肢。这类功法的运动量和强度较大，比较适合年轻人和身体强壮者习练。

另外，动功还可分为套路动功和自发动功，前者是一系列规定性动作，后者是自然产生的个性化动作。

（二）静功

静功，也称内功，是指在练功过程中练功者的形体和位置基本保持不动，并结合意念运用和呼吸调整，以锻炼身体内部机能为目的的气功功法。意念的锻炼是静功的主要环节，练意在古代称为调心、凝神、存神等，要求把注意力集中到身体的某些指定部位或某一事物上，此时人的思想专一、情绪平静、杂念排除，大脑活动进入一种宁静、虚空、轻松的境界。如此便能使人体各器官和组织得到放松而消除疲劳，使气血调和、经络疏通、精力充沛，从而激发人体内在的调节能力，发挥其自我调节的生理功能。进行静功练习时，一般采取坐、卧、站等姿势。按照对调心和调息锻炼的侧重，静功又可以分为两类：

一是以调心为主的静功。这类功法以"定点意守"为特点，意守身体某一部位，如丹田、穴位、脏器等，并以此为过渡，使思想逐渐入静，达到"凝神聚气"的效应。

二是以调息为主的静功。这类功法以锻炼呼吸为主，其方法主要有顺腹式呼吸法、逆腹式呼吸法、停闭呼吸法、丹田呼吸法、胎息法、六字诀吐纳法等。

四、按照练功内容进行分类

传统体育养生的分类（四）

我国传统医学认为，形、气、神是构成人体生命不可缺少的三个要素，养生也就是保养形、气、神。因为形、气、神三者之间相互依存、相互影响，正如古人所理解的那样，"形不正则气不顺，气不顺则意不宁，意不宁则神散乱"，所以，调形、调息、调神称为练功的三要素。由此传统体育养生功法可分为调身功、调息功、调神功三大类。

（一）调身功

这一类功法以肢体调节为主要练功对象，以多变的肢体运动形式为特点，通过身体姿势的变化对人体的气机运行产生影响，以达到疏通经络、调和气血、增进健康的目的。这类功法也可称作动功，在古代也称为"导引"。晋代李颐把"导引"解释为"导气令和，引体令柔"[1]，可见，导引主要是指使气机和顺、肢体柔和的活动。唐代王冰将"导引"解释为"摇筋骨，动肢节"[2]。唐代慧琳在《一切经音义》中认为："凡人自摩自捏，伸缩手足，除劳去烦，名为导引。"[3]可见，调身功包括摇动肢体、屈伸肢体、按摩肢体等功法，如"易筋经""五禽戏""八段锦"等流传甚广的功法。

（二）调息功

调息功，在古代又称作吐纳术、服气等，如最早见于南北朝时期并流传至今的"六字诀"功法，就是运用嘘、呵、呼、呬、吹、嘻六个字的发音吐气来对脏腑进行锻炼的功法。这类功法主要以呼吸调节为锻炼对象，强调主动地调整和控制呼吸的次数、深度、停顿等，以达到疏通经络、调和气血、增进健康的目的。主要练功方法包括自然呼吸法、腹式呼吸法、提肛呼吸法、鼻吸口呼和鼻呼口吸法、吐字呼吸法、练呼与练吸法、数息和随吸法、意呼吸法等。

（三）调神功

调神功，也称作静功，与上文所述以调心为主的静功相一致，古代则称作心斋、坐忘、凝神、存神、调心、静坐、禅定等。这类功法主要以心理和意念调节为锻炼对象，肢体保持不动，注意力集中于身体某些指定部位或特定事物上，大脑活动进入静谧轻松状态。《黄帝内经素问译释·上古天真论》认为："恬淡虚无，真

---

1 陆德明. 经典释文[M]. 北京：中华书局，1983：381.

2 郭霭春. 黄帝内经素问校注语译[M]. 天津：天津科学技术出版社，1981：77.

3 一切经音义三种校本合刊[M]. 徐时仪，校注. 上海：上海古籍出版社，2008：814.

气从之。"[1] 调神的主要方法是"意守"。根据意守的对象又可将其分为意守身体放松法、意守身体部位法、意守体外对象法等。儒释道都崇尚"静"的价值，如儒家认为"定而后能静，静而后能安，安而后能虑，虑而后能得"，道家认为"归根曰静，静曰复命"，释家也主张"禅定"，而"禅定"即是"静虑"的意思。以上均是发现静的价值后将入静作为对精神进行锻炼的方法。武术功法中所采用的桩功特别强调意守丹田，也是对精神入静的锻炼方法。

第三节 传统体育养生的基本特点与基本功能

一、传统体育养生的基本特点

（一）以预防疾病为目标

传统体育养生的基本特点与基本功能（一）

传统体育养生作为我国传统养生文化的组成部分，体现了我国传统养生文化的基本追求，强调不生病和预防疾病，正如《黄帝内经素问译释·四气调神大论》所言："是故圣人不治已病治未病，不知已乱治未乱，此之谓也。夫病已成而后药之，乱已成而后治之，譬犹渴而穿井，斗而铸锥，不亦晚乎！"[2] 传统体育养生认为预防疾病比治疗疾病更重要。

（二）以传统文化和中医学理论为基础

"天人合一"是我国传统文化的基本特征，体现在各种形式的传统文化之中，我国传统体育养生文化也不例外。传统体育养生功法的创编，往往体现出"道法自然"的特点，如东汉华佗所创编的"五禽戏"，即是模仿虎、鹿、熊、猿、鸟五种

---

[1] 南京中医药大学. 黄帝内经素问译释［M］. 4版. 上海：上海科学技术出版社，2009：4.

[2] 南京中医药大学. 黄帝内经素问译释［M］. 4版. 上海：上海科学技术出版社，2009：19.

动物的特点。练功过程要遵循春生、夏长、秋收、冬藏的自然界规律，不主张在冬天出大汗、多出汗。气一元论、阴阳学说、五行学说、中和学说、脏腑学说、经络学说、精气神学说等中医学理论都是传统体育养生所遵循的基本理论依据，指导着传统体育养生的具体方法和行为方式。

（三）以形、气、神为具体锻炼和调节的对象

从"气一元论"来看，气是构成天地万物的基本物质，自然也是构成人体生命的基本物质，所以，在很多关于养生的文献中，养生称作"养气"，俗语也说"人活一口气"。今天广为流传的"气功"一词，就常常被解释为"炼气的功夫"。我国传统医学对构成人体生命的要素进行了划分，认为形、气、神是构成人体生命的组成部分，所以，所谓"养生"，具体而言就是养形、养气、养神。因此，儒、释、道、医、武都将调身、调息、调神作为其练功的三要素，并创编了丰富多彩的传统体育养生功法。

（四）以直觉体悟内求为手段

所谓直觉，即强调非常直接的感受和判断，不需要经过充分的逻辑思考；所谓体悟，即强调自我的本体感觉和判断；所谓内求，即强调注意力投向自己的形、气、神变化本身而非外部对象。我国传统体育养生以自我的形、气、神为锻炼和调节的对象，进而追求身体的放松中正、呼吸的深长细柔、精神的宁静专一。可以说，要达到这样的目标，练功者应将自己的注意力集中于身体、呼吸、精神，并通过自我的本体感觉和直接感受来调节改变自己的形、气、神状态。相较而言，西方体育健身则更多地将注意力集中于一个外在的或人为设定的目标上，如篮球运动将注意力集中于篮球上，长跑则将注意力分散于眼前的环境和事物上等。

（五）简便易行，安全有效

传统体育养生功法动作大都比较简单，不需要固定的器械，不需要特定的时间和空间，不需要特定的玩伴；不分年龄、性别或地域、民族；动作可以单独练习，也可以成套练习，练习的次数也没有统一的规定。因此，简便易行是传统体育养生的一个显著特点。尽管如此，传统体育养生对于练习强度却有统一的要求，即要求掌握火候，以不疲劳为度，以适度为原则。这是基于消除安全隐患的考虑。另外，

实践证明，只要能够长期坚持练习传统体育养生功法，身心就能保持在一个良好的状态，从而能减少疾病、延长寿命。因此，传统体育养生流传至今而长盛不衰。

二、传统体育养生的基本功能

（一）具有显著的强身健体、防治疾病功能

传统体育养生经过世代相传和人们的不断实践，充分证明了它所具有的强身健体、防治疾病功能。正如"八段锦"的歌诀所说："双手托天理三焦，左右开弓似射雕，调理脾胃须单举，五劳七伤往后瞧，摇头摆尾去心火，双手攀足固肾腰，攒拳怒目增气力，背后七颠百病消。"唐代的《宁先生导引养生法》指出："昼夜行之，骨节坚强，以愈百病。"[1]这就说明，只要坚持传统体育养生，就能收到健身和治病的效果。明代的养生学家高濂也有同样的观点，他说："胎息为大道根源，导引为宣畅要术。人能养气以保神，气清则神爽；运体以却病，体活则病离。"[2]晋代许逊所著的《灵剑子》认为，"气若功成，筋骨和柔，百关条畅，胎津日盛，血脉壮强""久久行之，后知自然。魂魄聿盛，精髓充坚"[3]。现代科学采用实验的方法也证明了这一点。

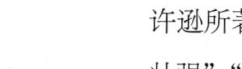
传统体育养生的基本特点与基本功能（二）

（二）促进心理健康

中医学认为，人的情绪变化是产生疾病的内因，现代心身医学也持同样的观点。一般情况下，人都会有七情六欲，"七情"指的是喜、怒、忧、思、悲、恐、惊七种情绪变化。中医学认为，怒伤肝、忧伤肺、思伤脾、恐伤肾、喜伤心。所以，以中医学理论为基础的传统体育养生，特别强调"调心入静"的重要性，要求练功时达到"以一念代万念"的境界，也称为"守一"状态；或达到"堕肢体，黜聪明，离形去知"的"心斋""坐忘"状态。这有利于提高人的心理活动调节能力和情绪控制能力。人若能够保持宁静的心态，无疑能使情绪保持在健康的状态。世

---

1 道藏［M］．北京：文物出版社，1988：241.

2 高濂．遵生八笺校注［M］．赵立勋，阙再忠，王大淳，等，校注．北京：人民卫生出版社，1994：277.

3 道藏［M］．北京：文物出版社，1988：665，668.

界卫生组织提出"最好的心情是宁静"的观点，使我们更加坚信传统体育养生具有促进心理健康的功能。

（三）有利于提高道德水平

中华传统文化特别重视涵养道德的功能，儒家具有"仁者寿"（《论语·庸也》）的思想。汉代大儒董仲舒在《春秋繁露·循天之道》中提出，"能以中和理天下者，其德大盛；能以中和养其身者，其寿极命""仁人之所以多寿者，外无贪而内清静，心和平而不失中正"[1]。传统文化所谓的"道德"包括自然之道、社会之道、身心保健之道等，这些都离不开对天道的认识和遵循。道家的自然之道、儒家的中庸之道、佛家的明心见性之道、医家的阴阳平衡之道，都在某种意义上为传统体育养生提供理论支撑和道德目标。这是从广义上来界定"道德"。

狭义的"道德"是指人们在社会关系中应当遵守的准则和规范。在传统社会中，儒家关于"道德"的论述最多，成果最大，社会作用和文化影响也最深远。按照天人合一的思想，儒家提出了仁、义、礼、智、信等道德伦理规范，要求人们在日常生活中遵守执行。传统体育养生亦特别强调"涵养道德"。这里的"道德"，既是从广义上来说的道德，也关注狭义的道德，即处理好人与人之间的各种社会关系。

（四）传承中华优秀传统文化

文化是人类所创造出来的物质和精神产品，是人类智慧的结晶。在我国悠久的历史中，先民们创造了浩瀚多姿、丰富多彩的文化。作为中华优秀传统文化的重要代表，我国传统养生文化自古以来就为中国人的健康和卫生事业作出了杰出的贡献，也越来越成为世界人民健康和卫生文化的重要组成部分。传统体育养生是我国传统养生文化的组成部分，承载着中华优秀传统文化的基本理念。学习和实践传统体育养生就是传承中华优秀传统文化的具体表现，对于弘扬中华优秀传统文化也具有重要价值。

---

1 苏舆. 春秋繁露义证［M］. 钟哲，点校. 北京：中华书局，1992：444-445，449.

第四节 传统体育养生的学习目的与学习要求

一、传统体育养生的学习目的

传统体育养生的学习目的与学习要求

学习传统体育养生理论，亲身实践传统体育养生的各种功法，目的有三：其一，激发学习我国传统体育养生理论和方法的兴趣；其二，掌握我国传统体育养生的理论与方法；其三，获得身心平衡，增强社会适应能力，更好地实现自己的人生梦想，创造更多的社会价值。

二、传统体育养生的学习要求

（一）明理：精准掌握基本理论

兴趣是最好的老师。人们对事物产生兴趣基本上有两个原因：一是对事物本身具有的特点感兴趣，二是对这个事物的结果感兴趣。要想使人们对事物的结果产生兴趣，就必须使人们明白过程与结果之间的逻辑关系和道理，由此人们才能对这个事物的学习过程产生希望、期待和信心。明白道理既需要教师点拨，又需要学生自己去准确理解和把握。传统体育养生与古代中国的哲学、医学、文学、艺术等都具有密切联系，因此，学生除了课堂上的学习，还需要加强课外的学习，更要在审问、慎思、明辨等环节上下功夫，这样才能准确理解和把握传统体育养生的核心要义。

（二）立志：弘扬传统体育养生功法

立志是一个人成就一项事业必不可少的要件。无志之人常立志，有志之人立常志。心理学研究认为，需要决定了人的行为动机，动机决定了人的态度和倾向性，态度决定了人的行为方式。志向反映了人的需要层次和追求的高度，志向越高，抱负越大，则愿意付出的努力就会越多，可以忍受的艰苦程度也会越大。有志者事竟成，志向越坚定，则实现结果的可能性就会越大。我们作为传统体育养生的学习者和实践者，应该立志于传承中华优秀传统文化；立志于健康自己、服务他人；立志于为人类的健康事业作出自己的贡献。

（三）笃行：理论与实践相统一

"纸上得来终觉浅，绝知此事要躬行"。人类认识的进步过程，本质上是一个实践的过程，没有实践就不会产生理论，也不会真正理解和认识客观事物；反之，缺少理论学习就无法验证理论的正确性和发挥理论对实践的指导作用。学习传统体育养生理论的过程必须要与传统体育养生实践密切结合起来，用理论指导实践，在实践中深刻认识和运用传统体育养生理论。没有理论的实践是盲目的实践，只有在正确的理论指导下进行持之以恒的实践，才能取得满意的实践结果，初学阶段尤其如此。

思考题

1. 传统养生与传统体育养生的关系是什么？
2. 传统体育养生的基本特点有哪些？
3. 简述传统体育养生的分类。
4. 概述传统体育养生的基本功能。
5. 你认为学习传统体育养生最有效的方法是什么？

第二章
传统体育养生的沿革

【章前导言】

本章依时间顺序，分别论述了先秦、秦汉、魏晋南北朝、隋唐五代、宋辽金元、明清、近现代传统体育养生的发展及其特点，系统梳理了传统体育养生从最初起源到当代发展的历史脉络，重点介绍了传统体育养生的功法、人物、典籍及其在中国历史上的社会作用与文化贡献。

【学习目标】

1. 了解传统体育养生的历史脉络。
2. 掌握不同历史阶段传统体育养生的发展特点。
3. 从历史发展的角度认识传统体育养生对健康中国的贡献。

第一节　先秦时期的传统体育养生

传统体育养生，古称"导引""道引"。目前，现存古代文献中最早涉及导引起源问题的是《吕氏春秋·古乐》，原文记载为："昔陶唐氏之始，阴多滞伏而湛积，水道壅塞，不行其原，民气郁阏而滞著，筋骨瑟缩不达，故作为舞，以宣导之。"[1]宋代罗泌《路史·前纪九》也记载："阴康氏之时，水渎不疏，江不行其原，阴凝而易闭，人既郁于内，腠理滞着而多重腿，得所以利其关节者，乃制为之舞，教人引舞以利道之，是谓大舞。"一般认为，"阴康氏"就是"陶唐氏"，也就是尧帝。

上述史料虽然表述有异，却共同反映了如下情况：远在上古尧帝时代，先民们长期生活在阴雨连绵、江河泛滥的自然环境中，导致"筋骨瑟缩""腠理滞着""重腿之疾"等湿痹疾病的发生。为此，先民发明了"舞"来宣导气血、通利关节，以达到防治疾病的目的。这种"舞"即导引的最初形式，也是后世称导引术为宣导法的原因所在。由此可见，导引术是古代先民在长期的社会和生活实践中，在同大自然和疾病的抗争中总结、创造和发展出来的。

先秦时期的传统体育养生

到了春秋战国时期，伴随着人们对生命的进一步关注，导引术除继续作为一种医疗手段外，还有长寿保健的用途。社会上开始出现一批通过修炼导引术，以追求保养形体、延年益寿为目的的群体，即《庄子·刻意》中所说的"道引之士、养形之人"，他们的锻炼方式是"吹呴呼吸，吐故纳新，熊经鸟申"[2]。其中，"吹呴呼吸，吐故纳新"，是指导引练习过程中的呼吸吐纳，也称行气；而"熊经鸟申"，是指模仿熊攀树和鸟飞翔的动作。文中"道引"即"导引"，该史料是现存文献中最早出现"导引"一词的文献。

从后世记载看来，王乔、赤松应是该时期"导引之士"的典型代表。汉代桓谭《仙赋》记载了他们的事迹："夫王乔、赤松，呼则出故，翕则纳新。天矫经引，积气关元。精神周洽，鬲塞通流，乘凌虚无，洞达幽明。"[3]"出故""纳新"是呼吸锻

---

1 吕氏春秋译注[M]．张双棣，张万彬，殷国光，等，注译．长春：吉林文史出版社，1987：140．

2 郭庆藩．庄子集释[M]．王孝鱼，点校．北京：中华书局，1961：535．

3 欧阳询．艺文类聚[M]．汪绍楹，校．上海：中华书局，1965：1338．

炼方法,"夭矫经引,积气关元"则涉及导引与行气的具体操作。

此外,《行气玉佩铭》(图2-1)呈现了该时期行气理论的部分样貌。该铭文刻在一个十二面体玉柱上,共四十五个字,郭沫若先生将其时代考定为战国初年,与洛阳金村出土韩钟同时(公元前380年)[1]。《行气玉佩铭》原文如下:

行气,深则蓄,蓄则伸,伸则下,下则定,定则固,固则萌,萌则长,长则退,退则天,天几舂在上,地几舂在下,顺则生,逆则死。

行气玉佩铭

图2-1　行气玉佩铭

据李零考证,这是一个完整的行气过程,开头"行气"二字即发题。后面的内容可分为两段,"深则蓄"至"定则固"一段是讲吸气下行的过程;"固则萌"至"地几舂在下"是讲呼气上行的过程。[2]上述铭文可解释为,行气之术,要深深吸气,使体内蓄积的气体增多,然后引气下伸。稍停一下,随即用意念使气固于下焦,然后将气缓缓呼出,如草木之萌芽,往上长,气呼出时的路径与引气下伸时相反,即让气退出身体,退到绝顶。这样一来,天机便往上动,地机便朝下动。顺行之则生,逆行之则亡。《行气玉佩铭》能被刻于珍贵的玉器上,不仅反映出它的受重视程度,也从侧面说明它流行于当时的上层社会。

第二节　秦汉时期的传统体育养生

秦汉时期,导引术在理论和方法上较前代更为丰富与完善。一方面,导引术

1　郭沫若著作编辑出版委员会. 郭沫若全集:考古编・第十卷[M]. 北京:科学出版社,1992:94.

2　李零. 中国方术考(修订本)[M]. 北京:东方出版社,2000:135.

被医家作为医疗手段应用于防治疾病,并出现相关专著;另一方面,导引术被方士群体用于追求延年益寿或长生不死。这些方士,或游走庙堂,或隐居山林,从事服饵炼丹、导引行气等方术修炼活动,如汉武帝时期李少君、东方朔等人"恬淡无欲,养精爱气""导气养性"(《论衡·道虚》),后汉矫慎"仰慕松乔导引之术"(《后汉书·逸民传》)等。此外,据曹植《辩道论》记载,当时的著名方士"甘陵有甘始,庐江有左慈,阳城有郗俭。(甘)始能行气导引,(左)慈晓房中之术,(郗)俭善辟谷,悉号三百岁"[1]。当甘始来到邺城(今邯郸)后,时人竞相从之学习吐纳导引,以致众人"无不鸱视狼顾,呼吸吐纳",由此可见导引术的受欢迎程度。作为"竹林七贤"之一的嵇康甚至认为"至于导养得理,以尽性命,上获千余岁,下可数百年,可有之耳"[2]。嵇康的观点虽然有夸诞的成分,但充分说明当时导引术的流行。

秦汉时期的传统体育养生

一、导引专著的出现

据《汉书·艺文志》记载,该时期有导引专著《黄帝杂子步引》和《黄帝岐伯按摩》存世,可惜后来散佚。但中华人民共和国成立后,考古发掘中出土的西汉导引著作,如湖南长沙马王堆汉墓《导引图》、湖北江陵张家山汉墓《引书》,为了解汉代导引术发展提供了宝贵资料。

(一)《导引图》

《导引图》(图2-2)于1973年出土,为西汉早期文物,是我国现存最早的导引图谱,对研究汉代导引术有着重要参考价值。全图为彩色帛画,长约100厘米,高40厘米,分上下四层,绘有44幅导引图式。每图旁附有动作名称,但有些已经残缺不全,能识别的仅31处。图中导引动作,按命名特点可分为如下三类:

(1)模拟动物类。例如,熊经、鸟伸、鹞北、鹤唳、龙登、猫蹶、沐猴唤、

---

[1] 《中华大藏经》编辑局. 中华大藏经[M]. 第62册. 北京:中华书局,1993:988.

[2] 嵇康. 嵇康集校注[M]. 戴明扬,校注. 北京:人民文学出版社,1962:144.

猿呼、螳螂、龟恨等。

（2）专治疾病类。部分动作采用"引"+"病名"的命名方式，强调一术治一病，具有较强的针对性，如引聋、引烦、引温病、引髀痛、引肤积、引膝痛、引戾中、引痛目、引腹中、引项等。

（3）动作命名类。例如，折阴、仰呼、坐引八维、以杖通阴阳。

图2-2 《导引图》

导引图与引书

《导引图》的出现，对于研究我国传统体育养生史具有重要意义。首先，它提供了导引术早期发展的物证，证实了古籍中有关"吹呴呼吸，吐故纳新，熊经鸟申"的记载。其次，它反映出我国古代导引发展到秦汉之际甚至在秦以前已经达到相当高的水平，其时，导引术已经比较广泛地应用于健身和治病。

（二）《引书》

《引书》，1984年出土于湖北江陵张家山汉墓，其"引"字是"导引"的简称。《引书》约成书于公元前186年，全书抄写在113枚竹简上，共3 235字。该书专论导引养生的理论与方法，其内容可分为5个部分：

第一部分，阐述四季养生之道，强调春生、夏长、秋收、冬藏。

第二部分，41种导引术式的解说。如"举胻交股，更上更下三十，曰交股"[1] "阳见者,反昔手北而印,后雇"[2] "凫沃者,反昔手北而挥头"[3]等。

第三部分,记载导引治病术式45条,每条均针对一个病症。如治疗四肢拘挛不能屈伸,"引诎筋,夸立,壹倚左,信右股,郄傅地;壹倚右,信左足股,郄傅地,皆三而已"[4];治痢疾,"引肠辟,端伏,加颐枕上,交手颈下,令人践亓要,毋息,而力举尻,三而已"[5]。

第四部分,记载导引健身术式24条。如"虎雇以利项尼""鸡信以利肩婢""反旋以利两肽""复据以利要"[6]等。

第五部分,阐述生病原因及其防治之道。以老子的哲理作为依据,将身体保养与天地运转联系起来,"虚而不屈,动而愈出"是《引书》的精髓之所在。

全书中心突出、层次分明、结构紧凑、首尾呼应,既有很强的可操作性,又有系统的养生导引理论。《引书》的出土是继马王堆帛书《导引图》之后,传统体育养生文化导引术文献中的又一个重要发现。

二、华佗"五禽戏"

"五禽戏",由汉末名医华佗创编,是一套模仿五种动物活动形态的导引功法。在华佗"五禽戏"之前,西汉刘安主持编纂的《淮南子·精神训》中还记载有熊经、鸟伸、凫浴、猿躩、鸱视、虎顾等六种名目。前述《导引图》《引书》中也包括多种以动物命名的导引术式。而华佗不仅提出"五禽戏"之名,而且对其来源、作用和做法都作了说明,这在当时社会上形成了相当影响,后世史家为华佗立传,对此都作了较详细的记载。如陈寿的《三国志》是这样记载的:

佗语普曰:"人体欲得劳动,但不当使极耳。动摇则谷气得消,血脉流通,病不得生,譬犹户枢不朽是也。是以古之仙者为导引之事,熊颈鸱顾,引挽腰体,

华佗与五禽戏

---

1 高大伦. 张家山汉简《引书》研究[M]. 成都:巴蜀书社,1995:98.
2 高大伦. 张家山汉简《引书》研究[M]. 成都:巴蜀书社,1995:102.
3 高大伦. 张家山汉简《引书》研究[M]. 成都:巴蜀书社,1995:103.
4 高大伦. 张家山汉简《引书》研究[M]. 成都:巴蜀书社,1995:123.
5 高大伦. 张家山汉简《引书》研究[M]. 成都:巴蜀书社,1995:130.
6 高大伦. 张家山汉简《引书》研究[M]. 成都:巴蜀书社,1995:164.

动诸关节，以求难老。吾有一术，名五禽之戏，一曰虎，二曰鹿，三曰熊，四曰猿，五曰鸟，亦以除疾，并利蹄足，以当导引。体中不快，起作一禽之戏，沾濡汗出，因上著粉，身体轻便，腹中欲食。"普施行之，年九十余，耳目聪明，齿牙完坚。[1]

华佗"五禽戏"的出现，把导引的发展大大向前推进了一步，开创了导引发展的新分支，后世的各种成套导引术的出现也与此有关。

第三节 魏晋南北朝时期的传统体育养生

魏晋南北朝时期，导引术最大的发展特点就是与道教结合。东汉中后期太平道、天师道等早期道教团体，从民间迅速崛起，其显著特点是"以鬼道教民"，注重符水禁咒、法符牒文等，因此被称为"符箓派"。至魏晋南北朝时期，部分士族士大夫开始接受道教信仰，并尝试改变道教原有的粗俗、野蛮和叛逆的面貌，转而追求通过自我修炼，达到长生不老、飞升成仙的目的，这种道教主张及其派别称为"丹鼎派"或"神仙道教"。在成仙信仰的鼓动下，道士们将导引术视为修炼长生不死的技术之一，对其进行了发展和完善。

葛洪（284—364年），字稚川，号抱朴子，东晋著名道教理论家。他在继承早期道教神仙理论的基础上，提出一套系统的由养生而成仙的修炼体系，主张先通过导引、行气、房中等来治病强身，在此基础上通过服食丹药而成仙。他认为"养生之尽理者，既将服神药，又行气不懈，朝夕导引，以宣动荣卫，使无辍阂，加之以房中之术，节量饮食，不犯风湿，不患所不能，如此可以不病"[2]。也就是说，"朝夕不懈"的导引行气之术，可以使得荣卫之气宣动起来，这对于养生而言具有重要作用。葛洪代表著作《抱朴子》主要论述"神仙方药，鬼怪变化，养生延年，禳邪却

---

1 陈寿. 三国志[M]. 陈乃乾，校点. 北京：中华书局，1959：804.
2 王明. 抱朴子内篇校释[M]. 北京：中华书局，1980：274.

祸之事",主张金丹服食、导引行气及房中术"众术合修",以实现长生不死。《抱朴子内篇·遐览》中所著录的传统养生文献,除《导引经》之外,还有《按摩经》《彭祖经》《柱中经》《龙跷经》《鹿卢跷经》《蹈形记》《守形图》《坐亡图》《观卧引图》等,这些都与导引术有关。

在葛洪之后,南朝道士陶弘景(456—536年)也对导引术进行了系统的整理和改造。陶氏代表著作《养性延命录》,"上自农、黄以来,下及魏晋之际,但有益于养生,及招损于后患,诸本先皆记录,今略取要法,删弃繁芜"[1],因而成书。在《养性延命录·服气疗病篇》中,陶弘景介绍了闭气法、吐气法、引气攻病法等,并开创了六字诀法,即"纳气有一,吐气有六。纳气一者,谓吸也;吐气有六者,谓吹、呼、唏、呵、嘘、呬,皆出气也"[2]。《养性延命录·导引按摩篇》除辑录《导引经》七式、按摩八法、躯体运动八式之外,尚收录"五禽戏法"。该功法未必是华佗本人所创五禽戏,却是存世最早的五禽戏版本,吴志超据其原文绘图(图2-3)[3],原文如下:

养性延命录

虎戏者,四肢距地,前三掷,却二掷,长引腰,乍却,仰天即返,距行,前、却各七过也。

鹿戏者,四肢距地,引项反顾,左三右二。左右脚伸,伸缩亦三亦二也。

熊戏者,正仰,以两手抱膝下,举头,左擗地七,右亦七,蹲地,以手左右托地。

猿戏者,攀物自悬,伸缩身体,上下一七,以脚拘物,自悬左右七,手钩却立,按头各七。

鸟戏者,双立手,翘一足,伸两臂,扬眉鼓力,各二七,坐伸脚,手挽足趾各七,缩伸二臂各七也。[4]

---

1 陶弘景. 陶弘景集校注[M]. 王京州,校注. 上海:上海古籍出版社,2009:136-137.

2 道藏[M]. 北京:文物出版社,1988:481-482.

3 吴志超. 导引养生史论稿[M]. 北京:北京体育大学出版社,1996.

4 道藏[M]. 北京:文物出版社,1988:483.

图2-3 五禽戏示意图

第四节 隋唐五代时期的导引术

隋唐五代时期，社会发展，文化繁荣，人们对强身健体、养生长寿的需求更为强烈，兴起了更为兴旺蓬勃的体育养生热潮。导引术不仅继续为道教人士所重视，发展出新的理论和方法，而且在社会其他人群中得以传播阐扬，并且在医学领域也取得较大发展和成就。

一、医学中的导引术

隋唐时期中医理论和技术体系沿承前代居多，整个中医医疗系统还有待发展和完善，导引术在该时期仍是医疗手段的重要组成部分。统治者对医学的重视，以及医家对导引理论的发展，为导引与医疗的紧密结合创造了有利条件。

据《隋书·百官志》记载，隋朝在太医署开辟"按摩生消息导引之法"的按摩专科，并设有两名按摩博士专司其职[1]。唐承隋制，按摩科已设"按摩博士一人，按摩师四人，按摩工十六人，按摩生十五人"[2]，按摩导引的分工更为细致，传承也更为严密。

巢元方《诸病源候论》是这一时期中医典籍在导引术的应用方面的代表作。该书成于隋炀帝大业六年（610年），是我国现存最早的一部病因学、病机学专著。全书共50卷，记录了1 739种证候，涵盖内科、外科、妇科、儿科、五官科等疾病。与以往医书不同，该书未记载一方一药，而是代之以相应的导引法，即"汤熨针石，别有正方，补养宣导，今附于后"[3]。兹举数例如下：

风偏枯候：正倚壁，不息行气，从头至足止。愈疸、疝、大风、偏枯、诸风痹。[4]

风痹手足不随候：左右拱手，两臂不息九通，治臂足痛、劳倦、风痹不随。[5]

虚劳候：两足跟相对，坐上，两足指向外扒；两膝头拄席，两向外扒使急；始长舒两手，两向取势，一一皆急，三七。去五劳、腰脊膝疼、伤冷脾痹。[6]

诸病源候论

全书在50卷1 739种证候中，有106种证候之下记载导引法共287条。这种证候涉及的疾病非常广泛，在71类疾病中，有46类疾病出现了导引法，主要集中在内科、骨伤科和五官科。这种方法为唐代医家王焘所沿用，其《外台秘要》本着"上自神农，下及唐世，无不采撷"的宗旨，对《诸病源候论》中的导引法均按原样录入。

唐代医家孙思邈的《摄养枕中方》《备急千金要方》《千金翼方》均包含大量论述导引养生理论和方法的文字。书中不仅辑有老子按摩法之类的道教导引法，还辑

---

1 魏徵，令狐德棻. 隋书：第三册［M］. 北京：中华书局，1973：776.
2 刘昫，等. 旧唐书：第六册［M］. 北京：中华书局，1975：1876.
3 丁光迪. 诸病源候论校注（上）［M］. 北京：人民卫生出版社，1991：14.
4 丁光迪. 诸病源候论校注（上）［M］. 北京：人民卫生出版社，1991：15.
5 丁光迪. 诸病源候论校注（上）［M］. 北京：人民卫生出版社，1991：25.
6 丁光迪. 诸病源候论校注（上）［M］. 北京：人民卫生出版社，1991：90.

有来自印度的佛教导引法——天竺婆罗门按摩法。

二、道教中的导引术

除医学领域对导引术的运用以外，该时期道教沿袭前代，仍将导引术作为修炼的重要手段，出现诸多导引相关著作，其中最具代表性的是司马承祯的《导引论》和胡愔的《黄庭内景五脏六腑补泻图》。

（一）司马承祯《导引论》

司马承祯，字子微，河内郡温县（今河南温县）人，道教上清派第十二代宗师。司马氏所著《修真精义杂论》共有九论，其中第三论为《导引论》。与以往导引理论不同的是，司马承祯首次明确将导引术建立在中医学理论基础之上。其开篇在点明导引的作用原理之后，接着引用中医学奠基之作《灵枢》和《素问》中有关经脉荣卫、肢体关节的论述，"夫肢体关节，本资于动用；经脉荣卫，实理于宣通。今既闲居，乃无运役事，须导引以致和畅，户枢不蠹，其义信然"[1]。这说明导引的作用原理在于肢体关节的"动用"和经脉荣卫的"宣通"。另外，《导引论》中所列导引法既有导引前的准备活动，也有导引结束时的收功要求，可谓首尾完整，所列17式导引法也非随意的拼合，而是从头至足次第有序，相比于以往导引术更为完整规范。[2]

道教中的导引术

（二）胡愔《黄庭内景五脏六腑补泻图》

胡愔，约生活于晚唐，道号见素子，浙江东阳人。胡氏所著《黄庭内景五脏六腑补泻图》，对我国导引术发展的最大贡献是将其从单纯的"术"发展为一个完整的理论实践体系，从而开创了四季导引养生学派。其特点主要包括：① 脏腑理论与导引功法结合。全书在分别阐释肝脏、心脏、脾脏、肺脏、肾脏、胆脏生理和病理的基础上，分别列有肝脏导引法、心脏导引法、脾脏导引法、肺脏导引法、

---

1 道藏［M］. 北京：文物出版社，1988：953.
2 魏燕利. 道教导引术之历史研究［D］. 济南：山东大学，2007：82.

肾脏导引法、胆脏导引法。② 导引功法与四时季节结合。肝脏导引法，一月、二月、三月练习；心脏导引法，四月、五月练习；脾脏导引法，六月或四季均可练习；肺脏导引法，七月、八月、九月练习；肾脏导引法，十月、十一月、十二月练习。[1]

第五节　宋辽金元时期的健身气功

进入宋代，以导引术为主要表征的健身气功的发展主要表现为以下特点：① 道教主要以内丹修炼为主，并不重视导引术锻炼，往往将导引术斥为"旁门左道"，但该时期因道教典籍整理而辑录的大量前代导引功法，对保存传统体育养生导引功法起到了重要作用。② 导引术纳入医学教育范畴，推动了导引术在医学从业者中的传播。③ 伴随商品经济的发展，导引术为满足民众需求，开始呈现简约化、口诀化的发展趋势。

一、道教典籍整理与导引功法辑录

宋代统治者崇信道教，屡次下诏编辑道教经典。宋真宗、宋仁宗时期编纂的大型类书《云笈七签》，收录有《养性延命录》《摄养枕中方》《彭祖导引法》《赤松子导引法》《宁先生导引法》《婆罗门按摩法》《王子乔导引法》《玄鉴导引法》以及各种服气法等几十种功法，对导引功法的整理和保存具有重要意义。

在统治者的影响下，宋代文人士大夫也表现出浓厚的崇道心理，他们或于任职期间兼修道教学问，或于致仕后潜心研究并整理出版相关书籍，流传至今的《道枢》就是在这种时代背景下编成的。其作者曾慥历任仓部员外郎、户部员外

---

[1] 盖建民. 唐代女道医胡愔及其道教医学思想[J]. 中国道教，1999（01）：22-24.

郎、大府正卿等职，晚年潜心向道，编成此书。该书是继《云笈七签》后的又一部道家养生修炼专著，辑录有《太清养生》《众妙篇》《颐生篇》等，包括几十种导引功法。

二、官方医学与导引术

宋代以"文"治天下，十分重视医学发展，在编修整理医学典籍的同时，积极发展和完善医学教育事业。导引知识，不仅是官修医书的有机组成部分，还被用作全国医学考试命题内容，这推动了导引术在中医从业者中的传播。宋徽宗亲著《圣济经》作为全国医学考试命题蓝本。该书是一部专门阐释医理的著作，其中《卫生篇》"存神驭气章第三"从医理角度，论证了导引术在调养人体元气中的重要作用，"人受天地之中以生，所谓命也。形者，生之舍也。气者，生之原也。神者，生之制也……昔之明乎此者，吹呴呼吸，吐故纳新，熊经鸟伸，导引按蹻，所以调其气也"[1]，认为行气导引之术主要用来调气，而气乃是生命之本元。

与《圣济经》配套，宋徽宗还主持编纂医学应用书籍《圣济总录》。全书在博采众家之方、辑录医方两万余条的同时，专列"神仙导引"两节，辑录导引、按摩功法十四种。

此外，南宋嘉定年间获朝廷准行的《太医局诸科程文格》，也将导引知识纳入考试命题范围。该书是宋代国家医学考试的参考书，内容包括太医局命题及标准答案。卷五第二题"问血实宜决之，气虚宜掣引之"，即是对导引功用的考题和答案。

三、导引功法的发展

（一）八段锦

八段锦是宋代产生的新功法，分坐式和立式两种。"八段锦"之名首见于南宋洪迈的《夷坚志》，记述的是北宋起居郎李似矩练习八段锦的事迹：

---

[1] 赵佶. 圣济经[M] 吴禔，注. 北京：人民卫生出版社，1990：154-155.

政和七年，李似矩为起居郎……素于声色简薄，多独止外舍，仿方士熊经鸟申之术，得之甚喜。自是令席于床下，正睡熟时，呼之无不应。尝以夜半时起坐，嘘吸按摩，行所谓八段锦者。[1]

从上文可知，李似矩所练八段锦为坐式八段锦。最早对坐式八段锦功法进行详细描述的是道教典籍《修真十书》，书中称八段锦为"钟离八段锦法"，包括歌诀和功法图，功法图图文并茂、内容详尽，后世流传甚广。

立式八段锦主要动作在南宋前后趋于定型，并逐渐从其他导引术式中独立出来，功法口诀渐趋歌诀化，便于学习记忆，如陈元靓《事林广记》中的歌诀：

昂首仰托顺三焦，左肝右肺如射雕；

东脾单托兼西胃，五劳回顾七伤调；

鳝鱼摆尾通心气，两手搬脚定于腰；

大小朝天安五脏，漱津咽纳指双挑。[2]

（二）小劳术

在宋代还出现与八段锦相似的功法练习，称"小劳术"，由蒲虔贯据前人导引术改编而成。蒲虔贯在《保生要录》中指出："养生者形要小劳，无至大疲，故水流则清，滞则污。养生之人，欲血脉常行，如水之流。坐不欲至倦，行不欲至劳。频行不已，然亦稍缓，即是小劳术也。"[3]其方法为：

两臂欲左挽右挽，如挽弓法，或两手双拓，如拓石法。或双拳筑空。或手臂前后左右轻摆。或头项左右顾。或腰胯左右转，时俯时仰。或两手相促，细细捩，如洗手法。或两手掌相摩令热，掩目摩面。事闲随意为之，各十数过而已。[4]

该方法正如蒲虔贯所言，"旧引方太烦……不易为也。今此术不择时节，亦无度数，乘闲便作，而见效且速"[5]，充分体现了至简至易、经济适用的特点。

---

1 洪迈. 夷坚志［M］何卓，点校. 北京：中华书局，1981：258.
2 陈元靓. 新编纂图增类群书类要事林广记·续集·道教类［M］刻本. 卷二. 建安：西园精舍，1330（元至顺）.
3 陶宗仪. 说郛［M］. 北京：中国书店，1986.
4 陶宗仪. 说郛［M］. 北京：中国书店，1986.
5 陶宗仪. 说郛［M］. 北京：中国书店，1986.

第六节　明清时期的传统体育养生

明清时期是我国古代出版业的大发展时期。出版业的发展，在降低刊刻成本的同时，也加大了知识传播的广度和深度，这成为明清导引术发展的重要原因。当然，以导引术为代表的传统体育养生在明清社会繁荣发展的历史原因则在于这一时期封建经济的发展、城镇生活的活跃和社会上各人群对于健康的热衷与投入。

一、导引书籍的整理与出版

在对古代导引术的整理方面，明清时期的养生家和医家做了很多努力。该时期导引书籍的出版分藩刻本、私刻本和坊刻本三种。藩刻本又称藩府本，是明代诸王藩府刊刻的图书，宁王朱权《活人心法》就是其中的典型代表。

凡私人出资在自己家中刊印的书称"私刻本"，此类书籍多为文人、士大夫或医家，出于个人爱好或显示学问所刻。明代出版导引书籍中私刻本最多，如高濂的《遵生八笺》、周履靖的《赤凤髓》、铁峰居士的《保生心鉴》、河滨丈人的《摄生要义》、龚廷元的《寿世保元》、龚居中的《红炉点雪》、罗洪先的《万寿仙书》、徐春甫的《古今医统》、陈继儒的《养生肤语》、无名氏的《修真捷径之导引术》、胡宗鹤的《养生集录》、王蔡的《修真秘要》、曹士珩的《保生秘要》、洪基的《摄生总要》等，均属此类。这其中以《遵生八笺》成就较为突出，该书以"遵生"为要旨，本着"不务博而信怪诞不经之条……悉删去而不存"的原则，从历代导引功法中精选出八种：陈希夷十二月坐功二十四式、灵剑子四时导引法、五脏导引法、太上混元按摩法、天竺按摩法、婆罗门导引法、八段锦导引法、治万病坐功诀。该书因论述翔实、选编精当，至今仍不失其养生价值。

坊刻本即书坊所刻书籍，是书商为营利而刻的。明代坊刻本导引书籍以胡文焕的《寿养丛书》《格致丛书》为代表。《寿养丛书》汇辑《三元延寿书》《寿亲养老全书》《山居四要》《修真秘要》《锦身机要》《摄生集览》等著述；《格致丛书》则辑有《养生导引法》《类修要诀》《三元延寿参赞书》《养生食忌》《保生心鉴》《养生月览》《养生类纂》《摄身要义》《山居四要》等养生资料。

清代导引书籍出版有尤乘的《寿世青编》、汪昂的《勿药元诠》、徐文弼的《寿世传真》、曹庭栋的《老老恒言》、颜伟的《延年九转法》、冯曦的《颐养诠要》、昆岚的《彩墨画导引图》、罗福至的《延龄纂要》、潘霨的《卫生要术》、汪启贤的《动功按摩秘诀》、无名氏的《服气却病图说》、李九华的《调气圭臬图说》、席裕康的《内外功图说辑要》等。

▶ 明清时期的传统体育养生

二、导引功法的整理与创新

明清出版业的发展，不仅促进了导引书籍的出版，也加速了导引功法的传播和发展，各养生家在整理保存导引术的同时，也对其进行了改进和创新。当前国家体育总局健身气功管理中心推广的健身气功·八段锦、健身气功·五禽戏、健身气功·六字诀、健身气功·易筋经四套功法，在该时期均有发展，并逐渐定型。

（一）八段锦的发展

明清时期，养生家在《修真十书》"钟离八段锦法"基础上，根据个人体悟进行了各种创新发展，创编出"八段锦导引法""钟离祖师八段锦导引法"等。得益于出版印刷业的发展，该时期出现了对八段锦配以绘图的养生典籍，如高濂《遵生八笺》的"八段锦导引法图"（图2-4），铁峰居士《保生心鉴》的"导引八图"，王圻《三才图会》的"八段锦修真图"等，提高了学习八段锦的可操作性。

叩齿集神图势

摇天柱图势

舌搅漱咽图势

摩肾堂图势

单关辘轳图势

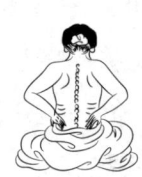
左右辘轳图势

左右按顶图势

钩攀图势

图2-4 《遵生八笺》"八段锦导引法图"

在八段锦的基础上，该时期还出现了十六段锦和十二段锦。十六段锦首见于明初道士冷谦的《修龄要旨》，原名"十六段锦法"。至明代嘉靖年间，托名为河滨丈人撰写的《摄生要义》中，也收录有"导引约法十六势"。

而立式八段锦多以南宋陈元靓《事林广记》的"吕真人安乐法"为底本。与坐式八段锦相比，收录立式八段锦的典籍相对较少。其中最有代表性的当属清德宗光绪二十四年（1898年）出现的《新出保身图说》，该书首次将"吕真人安乐法"改称"八段锦"，并附有绘图。2003年国家体育总局创编的"健身气功·八段锦"是以该书的歌诀和绘图为蓝本的。

（二）五禽戏的发展

明清时期，有多部著作收录"五禽戏"功法，但名称并不统一，如周履靖的《赤凤髓》称"五禽图"，曹无极的《万寿仙书》称"五禽书"，席锡蕃的《内外功图说辑要》称"五禽舞功法"。与南朝陶弘景的《养性延命录》中记载的五禽戏相比，上述五禽戏均呈现出动作简约化的特点。

《赤凤髓》中的《五禽图》，在以往五禽戏的基础上改编为羡门虎势戏、庚桑熊势戏、士成绮鹿势戏、费长房猿势戏和亢仓子鸟势戏五图，每个图上都有动作和行气方法，并附有主治疾病的说明。其不仅动作样式有所变化，且每节都增加了行气的要求，成为一套以站立姿态为主（包括坐、卧）的徒手体操。

清宣宗道光十二年（1832年）刊行的《万寿仙书》，对五禽戏又有所更新，它与《赤凤髓》中的五禽戏歌诀虽然几乎一样，但图形上却采用了肢体活动范围较大，甚至行进间的各种动作，说明五禽戏在进一步发展的过程中，增强了锻炼身体的价值。

（三）六字诀的发展

从现有文献记载看来，明代以后，六字气法与导引动作的结合更加成熟，还有著作特别将六字气法与四季养生联系起来，并按照五行相生顺序来排列六气的锻炼顺序，如《遵生八笺》中的《四季却病歌诀》曰：

春嘘明目木扶肝，夏至呵心火自闲，秋呬定收金肺润，肾吹唯要坎中安，三焦嘻却除烦热，四季长呼脾化餐，切忌出声闻口耳，其功尤胜保神丹。[1]

该时期记载六字诀的导引书籍有罗洪先的《万寿仙书》、胡文焕的《类修要诀》、龚廷贤的《寿世保元》、龚居中的《红炉点雪》、冷谦的《修龄要旨》、周履靖的《夷门广牍》、尤乘的《寿世青编》、冯曦的《颐养诠要》、徐文弼的《寿世传真》等。

（四）易筋经的发展

《易筋经》是明代出现的一部强身健体专著。目前存世版本主要有西谛本《易筋经义》、述古堂《易筋经》、来章氏《易筋经》等。综合来看，不同时期的《易筋经》版本，内容也有所不同，总体上是逐步增演、不断丰富的。早期《易筋经》主要包括如下内容：

易筋经总论、膜论、内壮论、揉法、采精华法、服药法、汤洗方、初月行功法、二月行功法、三月行功法、四月行功法、行功轻重法、用功浅深法、两肋内外功夫、木杵木槌说、石袋说、五月行功法、六月行功法、七月行功法、八月行功法、九月行功法、十月行功法、十一月行功法、十二月行功法、配合阴阳法、下部行功法、行功禁忌、下部洗药方、用战、内壮神勇、炼手余功、外壮神勇八段锦、神勇余功、贾力运力势法说。

以上内容基本分为三类：①"总论"和"膜论"阐述易筋炼膜的基本理论；②"内壮论"至"炼手余功"阐述内壮的基本原则和功法；③"外壮神勇八段锦"及其后各目阐述外壮的要领和功法。

至清代道光年间，来章氏在以上《易筋经》内容基础上，又加入"易筋经十二图势"，各式名称如下：韦驮献杵第一势、韦驮献杵第二势、韦驮献杵第三势、摘星换斗势、倒拽九牛尾势、出爪亮翅势、九鬼拔马刀势、三盘落地势、青龙探爪势、卧虎扑食势、打躬势、掉尾势。1858年（清文宗咸丰八年）潘霨将"易筋经十二势图"单独辑入《卫生要术》，并题称"易筋经"。2003年以来，国家体育总局推广的"健身气功·易筋经"即在此基础上创编而成。

---

1 高濂. 遵生八笺校注［M］赵立勋，阙再忠，王大淳，等，校注. 北京：人民卫生出版社，1994：350.

第七节　近现代的传统体育养生

一、近代的传统体育养生

自1840年起，西方体育开始传入我国，并逐渐成为我国近代体育的主流，对传统体育养生造成严重冲击。1911年辛亥革命后，伴随民族意识的觉醒，一批有识之士开始重新认识和评估传统体育养生，大胆借鉴西方体育的理论和方法并对其进行体育化改造，使得原本"随意练习"的导引术，以一种体育化的新面貌，广泛运用于学校体育和民众健身，这其中王怀琪参与较早、贡献较为突出。

王怀琪（1892—1963年），江苏苏州人，精武体育会早期会员，先后在上海商团公立尚武小学、中国体操学校、爱国女中、湖州旅沪公学、甲种商校、上海澄衷中学等校任体育教员或体育部主任，是体育课"三段式"教学模式的创始人。在长期的教学过程中，他在积极将西方体育项目引入学校教育的同时，也十分重视对民族传统体育的挖掘与整理。因感于"中国体育陈腐，不合当世所需要……吾侪既明其陈腐，曷不去其腐而益以新"，他在挖掘、整理八段锦、易筋经、五禽戏等功法的同时，对其进行了体育化改造，编成符合时代特色的传统体育养生功法。

（1）对八段锦的整理改造。早在1912年，王怀琪任教于北京农政专校时，就已经着手整理八段锦，至1914年在上海澄衷中学正式开展八段锦教学并获得成功。1915年，他以梁世昌手抄《易筋经外经图说》中附录的《八段锦》为蓝本，在原来仅有的八幅动作图示基础上，编写了简明的动作方法，组成完整的文字图解，交由商务印书馆所属的《教育杂志》发表，并得到社会各界的广泛好评。此后，王怀琪根据教学实践，不断对该书进行增补修订，先后出版《订正八段锦》（1916年）、《八段锦全图》（1921年）、《分级八段锦》（1926年）、《女子八段锦体操图》（1926年）、《八段锦舞》（1933年）、《八段锦》（增订本）（1933年）、《新编八段锦》（1945年）、《王怀琪新编八段锦》（1947年）等。1935年《广播周报》编辑出版了适合电台播放的口令式《八段锦》，将八段锦每节分为四个分解动作，由一至四个口令组成，固定时间播放，服务于大众健身。

（2）对易筋经的整理改造。1917年9月，鉴于《易筋经外经图说》中记载的三套易筋经功法"多偏于上肢，下肢及腰腹各部运动甚少，故不合于无基础者之习练",王怀琪参考体操方法,将其改为每套八式,并出版《易筋经二十四式图说》。同年10月,《易筋经十二式图说》出版。

(3)对五禽戏的整理改造。王怀琪的五禽戏功法是在1919年执教山西时,从当地武术名家手中学得的。1924年,王怀琪根据改编八段锦、易筋经的经验,对五禽戏进行体操化改造。1925年,《华佗五禽戏》正式出版,全书按虎、鹿、熊、猿、鸟分为五节,书末附"五禽戏新体操"。

除王怀琪以外,该时期传统体育养生体育化的改造成果,还包括濂浦与铁崖的《八段锦图解》、陈炜然的《八段锦》、王德琪的《中华体操华佗五禽戏图》、张雅敏的《华佗五禽戏舞蹈图》等。总体而言,王怀琪在其中的贡献较为突出,中华人民共和国成立后,他改编的八段锦、五禽戏仍继续服务于大众健身,如《八段锦》《新编八段锦》等。

二、中华人民共和国成立后的传统体育养生

中华人民共和国成立后,在党和政府的领导下,传统体育养生事业开始以新的面貌继续前行,并逐渐探索出一条科学化、规范化的发展道路。

王怀琪与张广德

(一)"气功"的兴起

20世纪50年代初期,刘贵珍(1920—1983年)在传统吐纳导引功法"内养功"的基础上,创编出"气功疗法",并先后在河北省第二干部疗养院、唐山气功疗养所、北戴河气功疗养院等地主持气功疗法的临床和教学工作,在社会上形成较大影响。自此,"气功"一词家喻户晓,成为涵盖传统行气导引、武术内功以及现代人以传统养生理论方法为基础创立的类似健身功法的总称[1],并逐渐在全国开展起来。

同时期出版的气功著作有周潜川的《气功药饵疗法》(1959年)、胡耀贞的《保健气功》(1962年)、马礼堂的《华佗五禽戏》(1963年)等。

---

1 周伟良. 中华民族传统体育概论高级教程[M]. 北京:高等教育出版社,2003:167.

（二）张广德的"导引养生功"

20世纪70年代，北京体育大学张广德先生以人体各系统发病的病因、病理为依据，以祖国医学整体观念、辨证施治和经络学说及现代医学有关理论为指导，在继承"慢性病医疗功"的基础上，创编出具有明显医疗针对性的"导引养生功"。与以往养生家或对传统功法进行继承改编，或限于少数几种功法的创新不同，张广德对传统体育养生的贡献主要表现在：

（1）建立完整的功法体系。导引养生功包含强心功、益肺功、补脾功、壮骨功、平肝功、滋肾功、行滞功、醒脑功、颐养功、修身功、古导引新编功11个系列，共40余套功法。

（2）建构科学的理论体系。1993年出版的《导引养生学》，对导引养生功总机理，以及舒心平血功、益气养肺功、和胃健脾功、疏肝利胆功、育真补元功等10套代表性功法，按治疗范围、治病原则、功法特点进行完整建构。

（3）推动传统体育养生教育事业的发展及其在海外的推广。鉴于导引养生功的广泛影响，北京体育大学于1986年开设导引养生功必修课和选修课，1990年开始招收导引养生功硕士研究生，1998年5月成立导引养生中心。2005年，北京体育大学在导引养生中心基础上成立全国首个体育养生教研室，承担包括研究生、本科生、进修生、函授生、留学生和国外短期学习人员在内的传统体育养生教学和训练任务。目前，导引养生功已传播到世界近70个国家和地区，成为展示我国传统养生文化的窗口和增进中外友谊的桥梁。

（三）国家体育总局健身气功管理中心主导下的健身气功事业

2001年国家体育总局健身气功管理中心（以下简称"中心"）的成立，标志着传统体育养生的发展进入一个新的历史阶段。中心成立后，陆续编创推出健身气功新功法，颁布《健身气功管理办法》等系列规章制度，积极推动各省、自治区、直辖市成立专门机构，在境内外举办形式多样的健身气功交流活动。

本着"古为今用，推陈出新"的原则，2003年中心组织专家、学者编成"健身气功·易筋经""健身气功·五禽戏""健身气功·六字诀""健身气功·八段锦"四套健身功法。2010年编成"健身气功·太极养生杖""健身气功·导引养生功十二法""健身气功·十二段锦""健身气功·马王堆导引术""健身气功·大舞"五套健身功法。

为了充分发挥健身气功的时代价值，中心将健身气功与建设"健康中国""体育强国""文化强国"战略相结合，积极开展海内外教学推广工作。

2005年，中心开始实施"和谐站点"工程，面向广大群众提供公共体育服务。国家体育总局每年用体育彩票公益金100万元资助地方建立500个站点，为所建站点培训管理人员和辅导人员，向所建站点配发音响器材和教材资料。截至2015年，全国健身气功注册站点达27 838个，站点习练人数3 520 207人，全年仅举办百城千村交流展示系列活动就达3 356场，超过241万人次参与。

国家相关部门一直非常重视健身气功的对外宣传交流工作，国家体育总局健身气功管理中心和中国健身气功协会成立后，积极向海外传播推广健身气功。从2003年第一支中国健身气功代表团出访日本开始，国家不断加大推广力度，2014年中心共组派24个团组共计91人次，赴五大洲35个国家和地区的47个城市开展健身气功宣传推广活动。中心共举办教学培训292场，培训骨干教练员8 000余人次；举办讲座35场，听众达2 500余人次；举办表演展示19场，2 400余名当地群众参与了表演互动。中心接待近20个国家和地区的近百人来访和学习；向465名国外健身气功习练者考核颁发了技术段位等级证书。形式多样的境外推广工作在配合国家公共外交和提升我国文化软实力等方面发挥了独特作用，并呈现出良好的发展态势。

思考题

1. 如何理解先秦文明与传统体育养生的产生？
2. 简述秦汉至唐宋时期道教养生术的发展历程。
3. 简述中医文化对传统体育养生的影响。
4. 请分析明清时期养生文化的发展特点。
5. 中华人民共和国成立以后传统体育养生的发展取得了哪些成就？

第三章

传统体育养生基础理论

【章前导言】

　　本章主要从中国古代哲学、中医学两个角度阐述整体性思维、取象比类思维、直觉体悟思维、朴素辩证思维，以及中医学脏腑、经络、精气神学说等思想，及其在传统体育养生中的理论体现；从生理学、心理学两个方面考察现代科学对传统体育养生的诠释，以及传统体育养生理论和实践在生理学、心理学中的应用。

【学习目标】

1. 了解中国古代哲学阴阳、五行学说与天人合一思想。
2. 认识中国古代哲学整体性思维、取象类比思维与直觉体悟思维。
3. 掌握中医学脏腑、经络、精气神学说的基本内容。
4. 学会从生理学、心理学角度诠释传统体育养生。

第一节 传统体育养生的哲学基础

一、整体性思维与传统体育养生

（一）整体观思想与传统体育养生

传统体育养生运用整体观去认识和把握客观世界，认为客观世界是天、地、人组成的一个整体系统。因此，传统体育养生不是一个简单的体育健身活动，而是一个复杂的人体整体的系统修炼和内外动态平衡的调整。人体既是自然界大系统的一部分，本身又是一个小宇宙系统。正如道教内丹修炼依据五行特征及其内在的相互关系一样，类比于五脏的生、克、制、化的动态功能结构，中医的藏象学说将人体看作一个小宇宙，人体内气血正如日月星辰，循环运转不已。[1]人们通过身体内部锻炼，使体内各脏腑器官得到濡养，气血运行通畅，实现祛除疾患、健身延年的目的。

钱学森曾说："人体是一个开放的复杂巨系统，也就是说，这个系统与外界是有交往的。"[2]这在某种意义上概括了人体系统性锻炼的整体观的核心。传统体育养生，主要是"以探索人类健康，养生防病与延年为目标的，是从人体一小天地的观念出发，思考生命和宇宙的本原"[3]。因此，在我国传统特有的整体性思维影响下，形成了具有整体观内涵的传统体育养生体系。

（二）"天人合一"思想与传统体育养生

我国古代哲学"天人合一"思想认为，人是宇宙整体系统中的一个有机组成部分，人的脏腑和人的社会活动与自然界具有统一的运动周期，它们相互影响、相互作用、相互联系。《黄帝内经素问译释·生气通天论》认为："夫自古通天者，生之本，本于阴阳。天地之间，六合之内，其气九州、九窍、五脏、十二节，皆通乎天

整体性思维与传统体育养生

---

[1] 徐兆仁. 道教与超越 [M]. 北京：中国华侨出版公司，1991：379.

[2] 钱学森，等. 创建人体科学（一）[M]. 成都：四川教育出版社，1989：113.

[3] 赵载光. 中国传统生态文化与哲学 [M]. 北京：文化艺术出版社，2006：84.

气。"[1]这表明人的生命活动与自然界息息相关，它们组成了一个统一整体。在"天人合一"思想影响下，人类生存顺应自然法则，抵御外界风邪侵害，方可延年益寿。因此，"天人合一"思想已经渗入追求生命健康的我国传统养生理论体系。

"天人合一"思想在传统体育养生中的体现就是要求人们顺应自然、顺应四季、顺应时辰。以五脏导引法为例，它主要根据中医养生思想，采用肢体导引方法，分别在一年十二个月的不同季节进行相应五脏功能的锻炼：一月、二月、三月进行肝脏系统导引，四月、五月进行心脏系统导引，六月进行脾脏系统导引，七月、八月、九月进行肺脏系统导引，十月、十一月、十二月进行肾脏系统导引。这种导引功法体现了人体的不同脏腑功能气血调理要顺应自然气候变化，以达到保健的功效，充分体现了我国古代哲学中的"天人合一"思想。

（三）"精气神"思想与传统体育养生

《黄帝内经》提出"阴平阳秘，精神乃治；阴阳离决，精气乃绝"的论断，特别注重精气神在养生中的作用。后世道家在此基础上建构了以"精气神"为核心的性命双修养生体系，《养生秘录》记载了精气神合一的锻炼方法，"心凝曰神，凝神归气以炼丹；情复乎性，复性归根以养命""元精为命之根……元神乃性之宗""固精以养气，固气以养神……元神散而元精竭""精气神之用有二，其体则一"。[2]这就是说，精气神是构成生命的三大要素，通过较为复杂的修炼，能实现三者合一的养生效果。在传统体育养生体系中，通过形体的调整、呼吸的控制和意识的运用，即通过调身、调息、调心"三调合一"的主动锻炼，能达到对人体生命精气神进行优化的效果。

二、取象比类思维与传统体育养生

（一）"观象比类"思想与传统体育养生

取象比类思维是不断从外界获取信息、不断完善自身的重要思维方法。早期养生家主要运用观物取象、归类等方法来编创导引术，即主要依据中医养生学理论，

---

[1] 南京中医药大学. 黄帝内经素问译释［M］4版. 上海：上海科学技术出版社，2009：21.

[2] 道藏［M］北京：文物出版社，1988：716.

将人体内外、上下看作一个与阴阳有应合关系的"象",以"象"之间的关系来解释人体的构造与生命机理。利用这类归结为阴阳相应合的"象",形成与人体相应合的导引养生术。

依据取象比类创编的导引养生,以八卦理论最为典型。其将八卦(乾、坤、震、巽、坎、离、艮、兑)取类于天、地、雷、风、水、火、山、泽八种自然物质,并对应于人体的首、腹、足、股、耳、目、手、口(外象)和肺(乾、兑)、心(离)、胆(巽)、肝(震)、脾(艮)、骨(坤)、肾(坎)(内象),人们由此进行相应的锻炼,以提高生命机能和活力,达到养生的目的。

观象比类大自然动物形态动作以作导引。"知龟鹤之遐寿,故效其导引以增年",生动形象地表明古人追求生命长寿所探求的仿生健身思想。《淮南子·精神训》所载的"熊经鸟伸,凫浴猿躩,鸱视虎顾"取象大自然动物特征,形成了六个导引术式的保健方法,后人称之为"六禽戏"。基于同样的取象比类思维,华佗依据中医五脏肝、肾、脾、心、肺功能系统,模仿自然界虎、鹿、熊、猿、鸟动物习性特点进行仿生运动设计,创编了著名的导引术"五禽戏",达到"引挽腰体,动诸关节,以求难老"的养生保健效果。这是传统体育养生体系中非常具有特色的一个养生保健体系。

(二)"阴阳平衡"思想与传统体育养生

我国古代哲学阴阳学说强调动态平衡,认为这是一切事物正常存在和向前发展的前提条件。传统体育养生针对不同(阴阳)体质人群,采用不同(阴阳)动静导引,并进行辨证施功。机体在传统体育养生的阴阳相互调节作用下,能够增强自身对疾病的抵抗力,提高自身对外界环境的适应性,从而达到改善健康的目的。如祛虚劳导引法,根据人体虚劳,将其病症分为阳虚、阴虚和阴阳两虚三种类型。补阴虚导引法,则根据"阳虚则外寒,阴虚则内热"的特点,进行气血调养,重在温补脾肾,从而调节人体的阴阳整体平衡。阴阳体质相应特点见表3-1。

表3-1 阴阳体质相应特点

阴阳体质	五行之人特点
偏阳体质	偏热、偏燥、偏动、亢奋
偏阴体质	偏寒、偏湿、偏静、偏低沉
阴阳平和体质	不阴不阳、平和

观象比类四季阴阳变化规律以作导引。《吕氏春秋·尽数》阐明:"天生阴阳,寒暑燥湿,四时之化,万物之变,莫不为利,莫不为害,圣人察阴阳之宜,辨万物之利以便生,故精神安乎形,而年寿得长焉。长也者,非短而续之也,毕其数也。"[1]这就是说,春季万物复苏,夏季草木生长繁茂秀美,秋季草木自然成熟乃至枯萎,冬季万物生机走向潜伏闭藏。因此,古人根据自然四季阴阳变化规律创编导引术,达到在内增强脏器功能,对外强健肢体、调摄精神情志的保健养生目的。

传统体育养生依据四季阴阳变化规律,采用呼吸吐纳调节人体健康。它认为"鼻吸清气为阳,口吐浊气为阴",这是以"气"来调节人体阴阳平衡的重要依据,其中以六字诀最为典型。

六字诀又称祛病延年六字法、六字延寿诀、六字气诀,是独具特色的传统体育养生保健导引功法。此功法以调息为主,通过"嘘、呵、呼、呬、吹、嘻"六个字的不同吐音,刺激脏腑经络气血运行,从而治疗阴阳病症。如嘘字诀,春季应肝木,练习此口诀可明目,增强肝功能;呵字诀,夏季应心火,练此口诀,以泻心火;呼字诀,对应人体脾胃,此口诀可常年坚持练习,提高脾胃运化能力;呬字诀,秋季应肺金,练习此口诀,能够滋润肺脏呼吸功能;吹字诀,冬季属肾水,练习此口诀,以滋养肾脏器官;嘻字诀,相应于人体三焦,能够调理人体整体气血运行,达到体内环境的阴阳平衡状态。其主要理论依据与养生操作见表3-2。

取象比类思维与传统体育养生

表3-2 四季阴阳变化与六字诀相应表

名称	季节	六字诀	五脏
春夏养阳	春	嘘	肝
	夏	呵	心
秋冬养阴	秋	呬	肺
	冬	吹	肾
春夏秋冬	四季	呼	脾
	四季	嘻	三焦

---

1 吕氏春秋译注[M].张双棣,张万彬,殷国光,等,注译.长春:吉林文史出版社,1987:21.

如上所述,依据"阴阳四时,万物之终始,死生之本"的哲学思想,在四季阴阳变化规律基础上,形成了"春夏养阳,秋冬养阴,以从其根""未病先防"的传统体育顺时养生思想体系与实践操作。

(三)"五行相生"思想与传统体育养生

五行学说将自然界原生形态物质"五材"(金、木、水、火、土)升华为宇宙间的五种功能属性,正如《尚书·洪范》所载"水曰润下,火曰炎上,木曰曲直,金曰从革,土爰稼穑。润下作咸,炎上作苦,曲直作酸,从革作辛,稼穑作甘"[1],从而依据五材动态属性间的相互矛盾关系而归类,观察与思索其相互促进与制约的关系,形成我国传统哲学的五行学说。

依据观象比类五行相生思想以作导引。"五行学说"对应人体五脏系统并进行分类,如木应肝、火应心、土应脾、金应肺、水应肾。传统体育养生由此创编出不同流派的导引术,经过历代实践,最终形成效果显著的五脏导引养生方法体系。最具代表性的是唐代女道士、医学家胡愔所创"五脏导引法"。

"五脏导引法"又名"胡见素坐功法",是针对人体五脏进行的导引保健功法,对治疗五脏的风邪毒气等脏腑疾病具有显著疗效。其主要理论依据见表3-3。

表3-3 五脏导引法(胡见素坐功法)与五行属性归类简表

五脏导引	功能	五腑	五情	五行	五季	五气
肝	藏血	胆	怒	木	春	风
心	主神明血脉	小肠	喜	火	夏	暑
脾	主运化统血	胃	思	土	长夏	湿
肺	主气	大肠	忧	金	秋	燥
肾	藏精	膀胱	恐	水	冬	寒

综上所述,依据"五行相生"的哲学思想,形成了传统体育养生中五脏补益保健的特色导引方法体系,从而达到调理人体脏腑的功效。

---

1 李民,王健. 尚书[M]. 上海:上海古籍出版社,2004:219.

三、直觉体悟思维与传统体育养生

直觉体悟思维实质上是一种直接的内心自我体悟。它对我国传统体育养生影响深远，为形成传统导引的独特价值提供了有别于现代体育健身运动的形式与理论构建。

直觉体悟强调直觉心境时刻保持恬静素朴的状态，是在非理智控制下使心灵自由活跃起来，从而形成感性认识的升华。在心灵无欲无求中涵养心情，从而使身体调整到阴阳和谐状态。人们不断追求生命至上的境界，这就需要采纳形神兼养、以静养神为原则的舒缓运动，使人在运动中保持"涤除玄览"的平心静气状态；在主体的虚静之中，体悟到心灵容纳万物的本然状态；在"静则动，动则得"的过程中获得良好的身心状态。在人们的生命追求中，形过于辛苦就会疲劳，精神思虑过度就会枯竭而烦躁。因此，传统体育养生通过"堕肢体，黜聪明"的直觉体悟心境修炼，通过少私寡欲、游心于淡的静缓运动，使有限的个体生命得到精神与形体的有效调理，从而获得延年益寿的理想效果。

（一）"内观返视"与传统体育养生

内观返视，是指内观其心、修其性以达心不起邪妄乱念，内外无扰，心表如一，神气合道的效果，从而达到健康延年的目的。

凝神内视直觉体悟，此为养神修性之法。十二时辰内观五脏法类似冥想之法以达修性养神之道。《道枢·卷二十二》"修炼金丹篇"中就保存了十二时辰内观五脏法。十二时辰中子、丑、寅时刻，须安坐消息，闭目内观其五脏，意想肝有青龙，盘旋如雾如露，缓缓慢行，以意交于气，气沉下于心宫，其后想心宫有朱雀，闭口以接其气，然而青龙之气非常微弱，则调息吐气三十六次，以制心之火而后行功；十二时辰到卯、辰、巳时刻，安坐定息，闭目内观其五脏，想其心有赤气盘旋，沉下于肺之上，复想脾之上有勾陈，闭口以接其气，其气同样很微弱，然后服气三十次，以制脾之土而后行功；十二时辰到午、未、申时刻，安坐消息，闭目内视其五脏，想其脾有黄气盘旋，以意游起，到达于肺脏，想肺脏有白虎，开口以接其气，服气三十次，以制肺之金而后行功；十二时辰到酉、戌、亥时刻，安坐消息，闭目内视五脏，想其下丹田，有白虎盘旋，以意游上至于肝脏，想肝中有青龙，开口以接其气，消息服气三十次，以制肝之木而后行功。由此达到生命长存的目的。

这种内观体悟修心养性法，非常适合用来满足当前人们修身养性的需求，可消除高度紧张的精神状态，从而形成传统体育养生中修身养性的特色养生方法体系。

（二）"存思守一"与传统体育养生

守一之道，是传统生命观的一种存神修炼方法，其目的是通过存神抱一达到长生久视。在传统哲学思想中，这个"一"是非常重要的。其内涵是在阴极之时，只有那么一点阳气，就这一阳来复，却能够达到新的生命开始。从天地孕化来看，大道始生为一，人若常清常静，这种行为就是守一清神，使心守神，身体自然就会康健无疾。

"存思守一"直觉体悟法就是精气充满，神与人常相依存。如《云笈七签·卷五十》就保存了守一秘要诀法。方法如下：守一，选在立春之日，夜半时刻，盘腿正坐，面向东方，进行服气九遍，然后开始吞咽津液三十五次，此时应存思北斗七星从天空冉冉地下落到头顶之上，存想北斗七星以杓柄正向天空方向，正前方指东方。随之以北斗七星中的四星存思其在不同方位，以其不同的职能来主宰身体以达到寂静守神的目的。四星定位：存思阴精和真人二星落于头顶上，存思阳明和玄冥二星在最上边；然后存思阳明和阴精二星在其后面，存思玄冥和真人二星在其前面。通过这种存思七星守一的过程来进行存念定位，目的就是排除杂念来达到心神静寂。如果在寝室内，白天也可进行存思。依据存思守一思想，不同时节可采用不同的方式方法来进行修炼，即立春存思，面向东方；立夏存思，面向南方；立秋存思，面向西方；立冬存思，面向北方的修炼方法。

直觉体悟思维与传统体育养生

存思守一直观体悟法，其目的就是使人远离祸端，保健身体去除疾病，身体脏腑功能和谐，最后达到长生久视的功效。传统体育养生在存思守一思想的影响下，逐步形成了独特的修养身心、强身祛病、精神情志调理方法体系。

四、朴素辩证思维与传统体育养生

我国古代哲学中具有丰富的辩证思维，为传统体育养生提供了理论基础。老子《道德经》认为："曲则全，枉则直，洼则盈，敝则新，少则得，多则惑。"[1]这就是说，任何事物的价值都体现在相互之间存在的有机的动态转变和联系中。这种联系体现了事物具有"万物负阴而抱阳"，最终能够"冲气以为和"的动态变化规律。这种朴素辩证思维是把握对象动态联系的辩证思维，渗透在传统体育养生理论体系中。

（一）"形易小劳"思想与传统体育养生

《庄子》认为长生之道，不可过劳筋骨，动摇精气，知其守形，去嗜欲，定会长生。在《西山记》中有对养形的论述，善养形者，在仲夏仲冬之时，防止极寒极暑入侵肌肤，做到寒添衣，暖减衣，不可使身体处于疲劳或安逸状态，防止气滞。《庄子·刻意》中有表述形、神、气的圣人导引养生思想，如"吹呴呼吸，吐故纳新，熊经鸟申"等，追求彭祖长寿导引法，即为了达到像彭祖一样长寿而进行导引，采取动物一样的方式舒展肢体进行形体锻炼，练习功法时保持心无杂虑，平心静气，这样精气神就会饱满，邪气就不会入侵肌肤，从而促进经络通畅，解除肢体疲劳之感。因此，传统体育养生体系中形成了动静适宜，动作缓慢柔和，畅通经络气血的强身健体导引方法体系。这充分表明了我国古代朴素辩证思维，对传统体育养生思想以及动作设计理念有很大的影响。

（二）"形神相合"思想与传统体育养生

形神相合，要求不可使形神过劳，人体应达到阴阳平和，免于因偏颇而生病，生命才会得以长久。《冲虚至德真经四解·卷八》认为形神相得益彰，相互扶持，不可偏颇，才是保养之道。平时应该加强身体的运动，以强健体魄，但需心无杂虑，做到劳形静心。正如人们通过体育锻炼，达到强壮体魄的目的，获得净化心灵的愉悦感觉。

《太清中黄真经·卷上》中有关于内养形神修炼的翔实论述。内养形神章第一：修身养生之道，首先是内以去欲静心，摒弃心内所有思绪。其次是要绝谷，排除其对五脏六腑的影响。通过静心去欲和绝谷的修养之道，形与神自当气定神安形健。

朴素辩证思维与传统体育养生

---

1 老子. 道德经[M]. 郑州：中州古籍出版社，2016：251.

其修身一法，选择干净、温馨一室，内设条案以焚名香，备厚暖蒲团。待到子时一阳初生的时候，即打坐练功。首先，清静心神，采取仰卧姿势，然后瞑目，两手握固状，进行叩齿三十六次。当叩齿、鼓漱口中有津液后，令口中满以后依法咽下。如果腹中感觉有汩汩声时，以饱为度，如果再有饥饿感时，依前法再进行练习。根据自己感觉，如果练功后感觉口干，可添加几口胡麻汤，以解口干，胡麻汤具有养气润腹的功效。

精神是生命之魂，形体之主。形体乃神之器，如果不知道保形，只求颐养精神，这样过极一方的结果就是形神都不能得到很好的保养。这正是：一阴一阳，冲和适平。形失其平，于是偏而为疾。因此，传统体育养生内含一条追求形神相兼、劳逸结合、远离疾病的健康之路。

（三）"少私寡欲"思想与传统体育养生

传统延年益寿论中，追求少私寡欲，要求自我约束，不能贪欲外界所见所闻所听，以达内心安静，即无欲无求方可延年长寿。《道德真经集注·卷十二》记载："夫善摄生者，目不妄耻于采色，耳不妄听于淫声，鼻不妄嗅于秽膻，口不妄言于非道，手不妄持于凶器，足不妄履于邪径，动静脩然，诸恶莫犯，此乃长生之徒也。趣死者目乱于采色，耳耽于声，鼻因于秽膻，口美于非道，手便于凶器，足捷于邪径，动静没溺，诸吉无有，此乃死之徒也。"[1]《南华真经循本·卷十二》"外篇·在宥"记载："无视无听，抱神以静，形将自正。"清静无为，不思外欲，不劳形体，保精养神，这是长生之道。传统体育养生依据"少私寡欲"思想，为了达到保健养生目的，遵循心神虚静、去除思虑、形体无劳、保养精气神的修身长寿之道。面对外界事物，对于影响情志的事物，如音乐、气味等，做到眼、耳、心不被外界事物所累，以神守形，使身心免于过度劳累，从而获得身心健康。这也就形成了调身、调息、调心合一，精神内敛的传统体育养生特色方法体系。

---

[1] 道藏［M］．北京：文物出版社，1988：200．

第二节　传统体育养生的中医学基础

一、脏腑学说与传统体育养生

(一)脏腑学说的基本内容

脏腑学说
的基本内容

脏腑学说是指研究人体脏腑的生理功能、病理变化及其相互关系的学说。"脏"是指五脏,包括肝、心、脾、肺、肾。"腑"是指六腑和奇恒之腑,六腑包括胆、小肠、胃、大肠、膀胱、三焦,奇恒之腑包括脑、髓、骨、脉、胆、女子胞。

1. 五脏的生理功能

五脏的共同生理特点是化生和贮藏精气。

肝被称为"将军之官",是人体气机畅通的主力。其主要功能是主疏泄和主藏血。"主疏泄"主要用来调节精神情志、促进消化吸收、维持气血运行、调节水液代谢和调节生殖功能;"主藏血"是说肝具有贮藏血液、调节血量和防止出血的功能。

心被称为"君主之官",是比喻心像君主一样主宰着人体的血脉运行和精神意识。其主要功能是主血脉和主神明。"主血脉"包含两个意思:其一,身体内营养物质的运送主要通过血液的运行而实现;其二,心具有产生血液的功能。"主神明"主要是指心主宰人的精神活动。

脾被称为"谏议之官",能公正地反映机体运化、布散精气的信息。其主要功能是主运化、主统血和主升清。"主运化"是指脾具有运化水谷和运化水液的作用;"主统血"是指脾有统摄全身血液运行的功能;"主升清"是指脾气具有上升的特点,可以向上运送水谷精微物质。

肺被称为"相傅之官",是说肺具有辅佐君主之官(心)的重要作用。其主要功能是主气、司呼吸。"主气"主要是指肺主导人体内的气机变化,"司呼吸"是说肺掌管着人体吐故纳新的功能。

肾被称为"作强之官",是人体内的大力士,如果人体肾精充盛,则筋骨强健、精力充沛。其主要功能是藏精、主水和主纳气。"藏精"是指肾具有闭藏精气的功能,避免人体精气的流失;"主水"是指肾具有调节人体体内津液、维持代谢平衡的重要作用;"主纳气"是指肾可以协助肺完成深呼吸,而不是局限在表层。

2. 六腑的生理功能

六腑的共同生理功能是消化腐熟食物、传化糟粕。

胆被称为"中正之官",是说人的决断能力取决于胆。胆的主要功能是贮藏和排泄胆汁,胆汁有助于食物的消化,是脾胃消化吸收功能得以正常进行的重要条件。

小肠被称为"受盛之官",是接受营养物质的器官。其主要功能是受盛、化物和泌别清浊,将水谷精微和食物残渣分别吸收和向大肠输送,帮助食物进一步消化和吸收。

胃为"仓廪之官"。"仓廪"是储藏粮食的地方,胃的官职就类似于粮仓的管理员。胃负责接受和容纳食物,并经初步消化,转化成食糜,再下传于小肠,最终形成的精微物质经脾的运化而营养全身。

大肠被称为"传导之官",是由于大肠能够传导食物糟粕。其主要功能是传化糟粕,即能够接受身体上部传来的食物糟粕,并向下转化为粪便排出体外。

膀胱被称为"州都之官",是由于膀胱管理着体内的水液,水液逐渐汇集起来就像一个大都市。其主要功能是贮存和排泄尿液。

三焦被称为"决渎之官",是说三焦负责人体水液升降出入,类似于负责水利工程的官员。其主要功能是控制全身水液的升降出入。

3. 奇恒之腑的生理功能

奇恒之腑的生理功能主要是贮藏精气。

脑为髓之海,故名"髓海",是进行思维活动的场所。髓为精所化,藏于骨中,髓可以化血。骨具有支撑人体和保护内脏的功能,为髓之府。脉又称"血府",是运行血气的管道。胆盛精汁,与胃肠等腑不同,故胆又属奇恒之腑。女子胞,是专指女性发生月经和孕育胎儿的器官。

4. 脏与腑的关系

心与小肠互为表里,肝与胆互为表里,脾与胃互为表里,肺与大肠互为表里,肾与膀胱互为表里。

(二)脏腑学说在传统体育养生中的应用

传统体育养生功法锻炼注重调身、调息和调心,并强调三调合一。其中,"调身"是传统体育养生功法的重要组成部分,通过对四肢百骸,筋、脉、肉、皮、骨

调身、调息、调心的概念及应用

等调整来改善体内五脏六腑的机能。传统功法八段锦中的"攒拳怒目增气力",易筋经中的"青龙探爪",五禽戏中的"虎扑"等动作,都是通过对筋的调整,促进肝血的充盈,从而改善肝脏的功能。传统功法动作强调旋转、蹲起及对指趾等远端关节的锻炼,如导引养生功十二法中"平沙落雁"的盘根步、"躬身掸靴"的旋转和"芙蓉出水"的弹甲等动作,都可以有效促进全身血脉、肌肉、皮毛和骨骼的活性,从而调节人体的心、脾、肺和肾的功能。

传统体育养生功法的"调息"是通过对呼吸的调控来调理脏腑功能。脏腑理论认为,肺主呼吸,肾主纳气,通过对呼吸的调整可以有效锻炼肺脏和肾脏功能。传统体育养生功法强调细匀深长的腹式呼吸,一是可以提高肺泡的活性,二是腹式呼吸属于深呼吸,可以激活肾纳气的功能。通过有意识的"调息",机体本身所消耗的能量减少,可达到"积气以成精,积精以全神"的效果。如六字诀是通过六个字的发音来提高五脏的功能,益气养肺功是通过提肛呼吸提高肾主纳气的功效。

"调心"是指调节人的心理状态,使之进入功法练习所需要的状态。目前,关于传统体育养生中"调心"的方法,有意守、存想和入静三种方式。不同的功法对意守的要求也不同,练功者可以意守身体内的丹田、百会、会阴、呼吸等,也可以意守外界的远山、流水、松树等。意守的目的在于排除杂念和诱导感受。如导引养生功十二法的每一式都有特定意守的身体部位,如做"犀牛望月"动作时,要意守"命门";做"平沙落雁"动作时,要意守"劳宫"。意守丹田与肾脏、脾脏有关。存想法在传统体育养生功法中的应用比比皆是。如易筋经的"出爪亮翅式"对意念的要求是:推掌时,先轻如推窗,后如排山;收掌时,如海水回潮。又如易筋经的"三盘落地式"对意念的要求是:下按时,如按重物;上托时,如托千斤重物。入静是一个思维活动逐渐减弱的过程,最终使精神意识不执着任何事物,进入一种特殊的练功状态。如健身气功·十二段锦的"冥心握固"就运用了入静的方法。

二、经络学说与传统体育养生

(一)经络学说的基本内容

经络学说的基本内容

经络是经脉和络脉的简称,是人体气血运行的通道。经脉包括十二正经(也称十二经脉)和奇经八脉,以及附属于十二正经的十二经别、十二经筋、十二皮部。络脉包括十五络、浮络、孙络等。经络具有运行全身气血、联络脏腑肢节、沟通上下内外、调节体内各器官的功能。经络学说是研究人体经络的生理功能、病理变化及其与脏腑相互关系的学说。

十二正经包括手、足三阴经和手、足三阳经。手三阴经包括手太阴肺经、手厥阴心包经、手少阴心经；手三阳经包括手阳明大肠经、手少阳三焦经、手太阳小肠经；足三阴经包括足太阴脾经、足厥阴肝经、足少阴肾经；足三阳经包括足阳明胃经、足少阳胆经、足太阳膀胱经。奇经八脉包括督脉、任脉、冲脉、带脉、阴维脉、阳维脉、阴跷脉、阳跷脉。

（二）经络学说在传统体育养生中的应用

传统体育养生功法通过疏通经络、调节气血来达到养生的目的。因此如何疏通经络是传统体育养生功法编创时要重点考虑的。

目前国家推广的九套健身气功功法之所以健身功效显著，是因为它们具有疏通经络、调和气血的功能。如马王堆导引术的第一个特点就是循经导引，其动作编排与经络理论相结合，功法的十二个动作，从第一式的挽弓，到最后一式的折阴，完全按照经络理论中的十二正经流注顺序来编排。习练者在动作的习练过程中，了解经脉的基本运行路线，便于掌握动作要领。如第一式动作"挽弓"，通过胸廓开合，调节胸中之肺气，在转体伸臂的过程中，意念引导肺气沿手太阴肺经的方向运行。按照经脉气血的运行方向，通过特定的动作进行定向疏导，是马王堆导引术疏通经脉健身理念的重要体现。

经络学说在传统体育养生中的应用

导引养生功系列功法的创编者张广德教授认为我国的传统体育养生功法是一种自我经络修炼的动功。传统体育养生功法强调逢动必旋，工于梢节，其目的就是疏通身体远端的腕、踝、指、趾等部位的原穴、井穴，进而起到调节脏腑的功能。

三、精气神学说与传统体育养生

（一）精气神学说的基本内容

我国传统养生学认为人体有三宝，即精、气、神，精气神是维持人体生命活动的三大要素。

1. 精

"精"有广义和狭义之分，广义的"精"是指构成人体和维持人体一切生命活动的精微物质,包括精、气、血、津液等;狭义的"精"是指肾中化生和贮藏的生命精华,具有促进人的生长、发育和生殖功能的基本物质。医学名著《东医宝鉴·内景篇》认为"精满则气壮,气壮则神旺,神旺则身健,身健而少病",又认为"精耗则气衰,气衰则病至,病至则身危"。[1]《类经·摄生类》也认为"善养生者,必保其精,精盈则气盛,气盛则神全,神全则身健,身健则病少。神气坚强,老而益壮,皆本乎精也"。[2] 由此皆可见中医对"精"的重视。

2. 气

气是构成人体和维持人体生命活动的基本物质之一,它包括元气、宗气、营气和卫气。

元气又名原气,是人体中最基本、最重要的气,其根源于肾,包括元阴、元阳之气。元气有推动人体生长、发育和生殖,激发和调节脏腑、经络等组织器官生理功能的作用。

宗气主要由水谷精微和自然界的清气组成,宗气积聚于胸中,主要功能是走息道以行呼吸、贯心脉以行气血。

营气主要来自脾胃运化的水谷精微,由水谷精微中最富有营养的精华部分组成,分布在血脉之中,主要功能是为脏腑、经络等组织器官的生理活动提供营养,并可化生血液,是血液的组成部分。

卫气同营气一样,也是由水谷精微所化生。卫气经肺脏的宣发,运行于脉外、皮肤之中、骨肉之间,熏于肓膜,散于胸腹。主要功能有护卫肌表、防御外邪入侵,温养脏腑、肌肉、皮毛,通过调节控制腠理的开合、汗液的排泄维持体温的相对恒定等。

3. 神

神是人的感觉、意识、思维活动的总称,也是人体身心状态的外在综合表现。神生于先天之精气,有赖于后天精气的充养。

4. 精气神之间的关系

关于精气神的关系,传统养生名著中有许多深入细致的表述,尤以中医学为精

---

[1] 许浚. 东医宝鉴[M]. 郭霭春,等,校注. 北京:中国中医药出版社,1995:15.

[2] 李志庸. 张景岳医学全书[M]. 北京:中国中医药出版社,1999:19—20.

辟。《东医宝鉴·内景篇》从养生、长生的角度认为："精者身之本，气者神之主，形者神之宅。故神太用则歇，精太用则竭，气太劳则绝。是以人之生者神也，形之托者气也，若气衰则形耗，而欲长生者未之闻也。"[1]这就是说，精能养神，神能御精；气能生神，又为神主；精气同源，精为气母，同时精气可以互化。精气神共同作用，保证形体的坚固、完整与健康。

（二）精气神学说在传统体育养生中的应用

如前所述，"精满则气壮，精耗则气衰，气衰则病至，病至则身危"，由此可见，生精、保精是人体生命旺盛的关键。传统体育养生认为吞津能够生精，通过吞咽口中产生的津液，可以将津液转化为人体的精。因此，传统体育养生的许多功法，要求练功时舌抵上腭，这也是产生津液的一种方法。健身气功通过"赤龙搅海"的方法产生津液，然后用"鼓漱吞津"的方式将津液下咽，达到炼津生精之目的。

精气神学说认为，"气者，人之根本也"，可见，气是维持人体生命活动的最基本物质，气聚则精盈、神旺，气衰则精走、神病，气绝则精涸、神亡，因此养生炼气是传统体育养生的指导思想和理论基础。传统体育养生功法主要是通过导引、行气、按摩、静养等方法不断激发和培补体内的元气。

精、气在人体生命中都是处于运动的状态，如果形不动则精不流，精不流则气郁，最终导致人体生病。因此，古代养生家华佗、孙思邈、蒲虔贯等人提出了"养生之道，常欲小劳"的养生理念，编创出五禽戏、小劳术等传统体育养生功法。

传统体育养生家认为只有"形与神俱"，才能"尽终其天年"，即注重形体养护和心神调摄，"得神者昌，失神者亡"，由此可见传统养生对于心神调摄的重视。中医认为，神能统帅五脏六腑、四肢百骸、诸窍以及精、气，主宰人生命力的盛衰。因此，古代养生家把调心养神当作养生的首要任务。

---

[1] 许浚. 东医宝鉴[M] 郭霭春，等，校注. 北京：中国中医药出版社，1995：5.

第三节 传统体育养生的生理学基础

生理学是生物学的一个主要分支,是研究生物机体的各种生命现象,特别是机体各组成部分的功能及实现其功能的内在机制的一门学科。迄今为止,大量的生理学研究集中于机体的器官系统水平,因为这在医学应用和生产实践上是重要的基础知识。

生理学的任务是阐明机体及其各组成部分所表现的各种正常的生命现象、活动规律及其产生机制,以及机体内外环境变化对这些功能性活动的影响和机体所进行的相应调节,揭示各种生理功能在整体生命活动中的意义。

一、传统体育养生与运动系统

(一)运动系统基本知识

运动系统由骨、骨连结和骨骼肌组成。骨以不同形式连结在一起,形成了人体的基本形态,并为肌肉提供附着,在神经支配下,肌肉收缩,牵拉其所附着的骨,以可以活动的骨连结为枢纽,产生杠杆运动。

运动系统主要的功能是运动,而运动能力主要通过运动素质如速度、力量、耐力、灵敏、柔韧等方面体现。运动素质的强弱,是衡量一个人体质状况的重要标准之一。其中,速度是人体在单位时间内移动的距离或反映机体对外界刺激反应速率的一种能力;力量是身体某些肌肉收缩时产生力量的能力;耐力是人体长时间进行肌肉活动和抵抗疲劳的能力;灵敏是人体迅速改变体位、转换动作和随机应变的能力;柔韧是人体活动时各关节肌肉和韧带的弹性和伸展度。

(二)传统体育养生锻炼对运动系统的作用

传统体育养生以身体姿势的调整、呼吸的锻炼、心理的调节相结合为主要特征,与其他体育健身项目一样,能够有效提高练习者的运动系统机能。传统体育养生锻炼时,要充分调动全身肌肉、关节、骨骼、韧带、筋膜,这就有助于增强肌肉的弹性和伸展性,发展肌肉力量,使肌肉放松能力增强,韧带和筋膜拉长,关节活动的幅度增大,从而提高力量素质和柔韧素质。另外,传统体育养生锻炼还讲求"虚实分明",要求身体重心的变换轻灵、平稳,这可以有效地锻炼身体的平衡能力。

传统体育养生中的健身气功可以提高习练者各关节的柔韧性和灵活性。譬如健身气功·易筋经中的"打躬势""掉尾势"需要牵拉各关节的韧带和肌肉,使身体各活动关节软骨交替地受到加压和减压作用,引起关节软骨增厚。与此同时,由于运动中枢神经系统对骨骼肌调节功能的改善,主动肌收缩时对抗肌充分放松,降低了运动的阻力,运动幅度加大。

坐位体前屈是反映人体躯干、腰、髋关节的柔韧性、灵活性以及肌肉活动幅度的重要指标。实验研究显示,在75天健身气功·八段锦练习后,习练者的坐位体前屈距离明显升高,这说明练习健身气功·八段锦可以提高习练者的关节灵活性、肌肉弹性和韧带延展性。例如,健身气功·八段锦第五式动作"两手攀足固肾腰",要求习练者尽力做大幅度的躯干前屈动作。又如,"五劳七伤往后瞧"可提高脊柱颈段的灵活性,"两手托天理三焦""调理脾胃须单举"能提高肩关节、腕关节的灵活性,"摇头摆尾去心火"可提高髋关节、踝关节的灵活性。有研究表明,中老年人练习健身气功24周后,他们的选择反应时减少,可见健身气功能够提高中老年人的神经灵活性。

有研究发现,经过6个月的健身气功·五禽戏练习,习练者体前屈程度明显提高,闭眼单腿站立时间明显延长,背部力量增加明显,其差别均具有显著的统计学意义。由此可见,健身气功可以使躯干、腰、髋关节得到有效锻炼,提高习练者的力量、平衡、柔韧等运动素质。

太极拳练习同样可以提高习练者的各项身体素质。有研究显示,经过6个月的24式简化太极拳练习,习练者的下肢肌肉力量有非常显著的提高($p<0.01$),同时,习练者的单腿闭目站立、立位体侧屈成绩也显著提高($p<0.05$)。太极拳练习还可以改善青少年身体机能和身体素质。研究发现,经过20周太极拳练习,青少年的50米跑、立定跳远、坐位体前屈、一分钟仰卧起坐等成绩得到提高。同样,太极拳练习也可以提高中老年练习群体的身体素质。练习太极拳要求匀速、移动缓慢,并保持一定的重心高度,这就在运动中延长了单腿支撑的时间,从而对下肢肌肉起到较好的锻炼作用。同时,由于太极拳中腰部扭转动作较多,有利于提高老年人的腰部柔韧性、灵活性。

因此,传统体育养生锻炼对于提高运动素质和促进运动系统的各项功能发挥具有良好的作用。长期习练能够提升习练者的身体素质，增强运动能力，改善习练者的体质状况。

二、传统体育养生与消化系统

（一）消化系统基本知识

消化系统由消化道和消化腺两部分组成。

消化道是一条起自口腔延续咽、食道、胃、小肠、大肠，到肛门的很长的肌性管道。消化腺有小消化腺和大消化腺两种。

消化系统的基本生理功能是摄取、转运、消化食物和吸收营养、排泄废物，这些生理功能有利于整个胃肠道协调地进行生理活动。食物的消化和吸收，为机体提供所需的物质和能量。食物中的营养物质除维生素、水和无机盐可以被直接吸收利用之外，蛋白质、脂肪和糖类等物质均不能被机体直接吸收利用，须在消化管内分解为结构简单的小分子物质，才能被吸收利用。

（二）传统体育养生锻炼对消化系统的作用

中医学认为"忧思伤脾"，大脑思虑过度、忧愁抑郁等不良情绪会引起消化系统失调，出现消化液分泌减少或异常、食欲不振、消化不良等胃肠道症状。传统体育养生中"恬淡虚无、少思寡欲"的"调神炼意"方法，可以使习练者的情绪和谐、心理状态稳定，避免产生由心理失衡引起的消化系统疾病。传统体育养生锻炼注重脊柱的开合、扭转、俯仰，这些动作能对内脏器官起到按摩挤压作用，使胃肠等消化器官的血液循环得到改善，消化管的蠕动加强，消化腺的分泌机能提高。

练习健身气功时，在入静状态下交感神经紧张性降低，迷走神经紧张性相对增强。由于消化系统主要受迷走神经控制，因此练习健身气功可使胃肠蠕动频率增加，胃排空时间缩短，各种消化腺分泌的消化酶增加，肠鸣音增强，食欲增强，能够有效提高消化和吸收功能。

此外，腹式呼吸使横膈膜运动幅度增加和腹肌运动增强，对腹部脏器起到一定的按摩作用，能有效地促进内脏的血液循环，并通过内脏感受器的神经反射，调整肠胃功能。传统体育养生锻炼多采用腹式呼吸。因而练习传统体育养生项目对胃部的运动、血液和淋巴的循环等均有良好的作用，有助于消化吸收功能的改善，能产

传统体育养生锻炼对消化系统的作用

生良好的健身效果。

三、传统体育养生与呼吸系统

（一）呼吸系统基本知识

呼吸系统是人体与外界空气进行气体交换的一系列器官的总称，包括鼻、咽、喉、气管、支气管，由大量的肺泡、血管、淋巴管、神经构成的肺，以及胸膜等组织。临床上常将鼻、咽、喉称为上呼吸道，气管及其以下的气体通道（包括肺内各级支气管）称为下呼吸道。

机体与外界环境之间的气体交换过程称为呼吸。通过呼吸，机体从大气中摄取新陈代谢所需要的氧，排出所产生的二氧化碳。因此，呼吸是维持机体新陈代谢和其他功能活动所需要的基本生理过程之一，一旦呼吸停止，生命也即将终结。

在呼吸系统中，各器官都有一定的分工，从鼻到各级支气管负责传送气体，其中鼻腔有加温、湿润和清洁空气等作用，还能在发音时产生共鸣。

咽是一个肌性管道，其上部与鼻腔和口腔相通，下部与喉和气管相通，它是食物与气体的共同通道。气管由十几个"C"形软骨环和其间的平滑肌构成，软骨使气管维持开放状态，保持气体通畅。平滑肌可改变气管口径，有利于居于其后方的食道扩张，便于食物下行。气管与支气管黏膜中有腺体，能分泌含多种免疫球蛋白（抗体）的黏膜液，具有抑菌、抗病毒的作用；而且黏膜上皮细胞表面有纤毛，它能不断地向喉的方向摆动，使粘有灰尘的黏液上移，最后咳出体外，形成痰。痰中含有大量的细菌和病毒，因此不要随地吐痰污染环境。

喉是呼吸道中的特殊部分，兼有发音的功能。

肺是呼吸系统中最重要的器官。成人肺内含有3亿~4亿个肺泡，它由细支气管反复分支而成，其壁薄，由单层上皮细胞构成，外面包绕着毛细血管网，是气体交换的场所。呼吸节律受中枢神经系统控制。膈肌是最重要的呼吸肌，它位于胸腔、腹腔之间，收缩时使胸腔的上下径加大，产生吸气，舒张时产生呼气。

（二）传统体育养生锻炼对呼吸系统的作用

传统体育养生重视呼吸的锻炼，动作开合升降与呼吸相配合，多采用"深、长、细、匀"的呼吸方式。一方面，这种深、长的用力呼吸不仅使更多的呼气肌参

传统体育养生锻炼对呼吸系统的作用

与收缩、呼气肌收缩加强，而且吸气肌也主动参加收缩，使呼吸肌得到良好的锻炼。另一方面，这种细、匀的呼吸，使意识集中在呼吸运动上，呼吸时的各种感觉冲动传到神经中枢，又得到神经中枢的及时反馈，形成闭合的传入—传出环路，从而使得呼吸系统得到锻炼。

研究参加健身气功·五禽戏功法锻炼中老年人的呼气成分，结果显示，练习健身气功·五禽戏6个月后，习练者的肺活量明显增大，安静状态的呼吸频率降低，肺通气量下降，氧利用系数升高，呼出气中二氧化碳百分含量升高。对练习健身气功·八段锦中老年人的观察也发现，经过一个阶段的练习后，习练者的肺活量明显提高。这些结论都充分表明，练习健身气功对提高中老年人的肺通气和肺换气能力作用明显。

长期练习太极拳的中年人与不经常锻炼的中年人相比，长期练习太极拳的中年人的肺活量与台阶实验指数明显高于不经常锻炼的中年人（$p<0.01$）。一项16周太极拳实验的研究发现，太极拳可以提高练习者的呼吸机能（$p=0.01$），且在停止锻炼后可以有效地维持此功效。这与太极拳独特的运动形式有关，太极拳腹式呼吸的呼吸形式（即所谓气沉丹田），以及练习时要求的呼吸与动作配合，使呼吸逐渐做到"深、长、细、缓、匀、柔"，这可使呼吸频率降低，有效地提高习练者呼吸系统的工作效率。

由此可见，传统体育养生锻炼，能有效改善呼吸机能。长期的传统体育养生锻炼，能使呼吸肌的收缩力量增强，胸廓运动幅度加大，膈肌的收缩与放松能力提高，从而提高肺通气和肺换气能力。同时，呼吸中枢的神经调节能力得到改善，出现呼吸用力省、效率高的"节省化"现象。

四、传统体育养生与心血管系统

（一）心血管系统基本知识

心脏和血管组成机体的心血管系统。心血管系统内循环流动的是血液。经常参加体育运动不仅能使心脏功能增强，同时也能提高心血管系统的调节功能，增强心血管系统对运动负荷的适应能力。在进行运动锻炼时，各组织器官代谢过程增强，耗氧量增加，因而心血管系统功能也相应增强，心输出量增加，以满足肌肉活动对氧的需要。心输出量的增加，不仅使全身各组织器官血流量增多，每分钟总的血流量较安静时大大增加，而且血流量的增加并不是平均分配的，而是根据不同器官的需要重新分配的。心脏本身和参加运动的肌肉的血流量明显增加，不参加运动的肌肉以及内脏器官血流量减少，这些变化和适应都是神经和体液调节的结果。

（二）传统体育养生锻炼对心血管系统的作用

运动生理学认为，经常进行体育锻炼，可促使人体心血管系统的形态、机能和调节能力产生良好的适应，从而提高人体工作能力。

传统体育养生动作缓慢柔和，讲求全身各部位的运动，是一种中小强度的有氧运动。同时，传统体育养生运动通过躯体的开合屈伸对心脏起到按摩挤压的作用。研究表明，经过6个月的健身气功·五禽戏练习，受试者在进行75W功率自行车定量负荷运动后心率减慢，安静状态和运动负荷试验后心电图异常率明显下降，与实验前相比具有十分显著的统计学意义。这说明练习健身气功·五禽戏对提高心血管系统的健康水平具有十分明显的作用。

传统体育养生锻炼对心血管系统的作用

心率是了解心血管系统机能的一种简单易行的指标，健身气功的调息练习，要求呼吸深、长，特别是呼气时间明显长于平时可提高迷走神经的兴奋性，促使心率变慢。有实验显示，练习6个月健身气功·五禽戏后，男性的安静心率由平均79次/分下降到74次/分，女性的安静心率由平均73次/分下降到68次/分。同样，在练习6个月健身气功·六字诀、健身气功·八段锦后，练功组的安静心率也普遍下降。

同时，血压也是反映心血管机能的重要指标。血压包括收缩压和舒张压。对练习健身气功·八段锦中老年人群的观察发现，参与锻炼的中老年人的收缩压和舒张压均有不同程度的降低。对练习健身气功·六字诀中老年人群的实验也显示，练功者无论舒张压还是收缩压都明显下降。这些都表明，练习健身气功可作为提高中老年人心血管机能的一种有效手段。

由此可见，经过长期、系统的传统体育养生功法锻炼，心血管系统机能得到提升，具体包括心电图的异常变化减少，心脏功能提高；心率变慢明显，心肌收缩力增加，血压下降；中枢神经和自主神经的机能平衡，使精神紧张消除，心脏负担减轻，周围血管的紧张度降低，血液循环通畅，心肌供血量增加，心肌舒张间期心脏的应激能力与适应能力增强。

五、传统体育养生与神经系统

（一）神经系统基本知识

神经系统由中枢神经系统和周围神经系统组成。中枢神经系统包括位于颅腔内的脑和位于椎管内的脊髓。位于颅腔和椎管以外的神经属于周围神经系统。周围神经系统又可分为躯体神经和自主神经（又称植物神经或内脏神经）。

人体的各种生命活动，都是在神经系统的控制下进行的，神经系统对各种姿势和随意运动的调节，都是复杂的反射活动。反射是在神经系统的参与下，机体对内外环境变化做出的规律性应答。外界事物和机体内环境变化会产生各种各样的刺激，这些刺激首先由感受器或感觉器官感受，并被转换为神经冲动，神经冲动沿着传入神经传导至大脑皮质的感觉代表区，感觉代表区的神经元接受冲动信号，并将冲动传导至传出神经，神经冲动沿着传出神经传至效应器，效应器接收指令并做出反应，这即是一个完整的反射过程。感觉代表区神经元间的广泛联系可以发生较快的改变，称为感觉皮质的可塑性，这种可塑性也同样发生在大脑的运动皮质。

自主神经的功能是调节内脏活动，所以又称为内脏神经。和躯体神经一样，内脏神经纤维根据神经冲动的传递方向分为传入神经和传出神经。内脏传入神经向中枢神经系统传递神经冲动，产生感觉，又称为内脏感觉神经；而内脏传出神经由中枢神经系统向周围传递神经冲动，产生运动，又称为内脏运动神经。故内脏神经也可分为内脏感觉神经和内脏运动神经。在习惯上，自主神经仅指支配内脏器官的传出神经，且将其分为交感神经和副交感神经两部分。自主神经在维持机体的生理活动中起着重要的作用，人体生命在正常状态时，交感神经和副交感神经维持动态平衡。

人体是一个极为复杂的有机体，体内各器官、系统的功能各异，但它们在神经系统的直接或间接调节与控制下，又相互联系、相互制约、相互协调、相互配合，共同发挥整体生理功能。与此同时，神经系统还能对人体内外的各种环境变化做出迅速而完整的适应性调节，从而维持体内各器官、系统功能的正常进行。因此，人体内环境的稳态和对外环境的良好适应在很大程度上依赖神经系统的调节。

传统体育养生锻炼对神经系统的作用

（二）传统体育养生锻炼对神经系统的作用

传统体育养生讲求"调神炼意"，重视对神经系统和思维意识的锻炼，能够对神经系统产生良好的锻炼效应。

一般而言，年轻人交感神经与副交感神经的活动保持动态平衡。随着年龄的增大，交感神经活动逐渐增强或副交感神经活动逐渐减弱，出现自主神经失衡的状况，此时中老年人易出现血压、脉搏、呼吸、内分泌等的失调，且这些失调易引发疾病。许多研究表明，传统体育养生锻炼具有调节自主神经，使其由不平衡状态转化为平衡状态的作用，还能使自主神经系统的功能活动状态呈现由老年化向年轻化转变的趋向，这种调节作用主要是通过交感神经活动相对减弱而副交感神经活动相对增强来实现的。

实验证明，传统体育养生中各种功法的呼吸锻炼对自主神经的功能有一定的影响，当呼吸频率减慢时，特别是呼长吸短时（副交感神经兴奋占优势），表现为心率减慢、血压下降、肠蠕动增加和增强等现象；当吸长呼短时（交感神经兴奋占优势），就表现为心率加快、血压升高、肠蠕动减少和减弱等现象。可见，呼吸频率及呼吸活动的形式不同，机体的自主神经功能状态亦不同。

研究发现，长期进行太极拳锻炼可以改善习练者的自主神经系统功能。长期进行太极拳练习的人与不进行太极拳练习的人相比，焦虑和抑郁量表评分有较显著差异；长期进行太极拳练习的人，自主神经平衡状况优于不进行太极拳练习的人。这是因为太极拳练习一般采用呼长吸短的呼吸方式，这种呼吸方式能够有效增强副交感神经的活动，因此练习太极拳可提高习练者的自主神经平衡功能，可减少或减轻中老年人由于疾病带来的困扰。

另有研究表明，传统体育养生锻炼能够改善大脑的营养供给，消除因用脑过多引起的大脑疲劳，有效提高神经系统机能；能够使脑细胞的生理活动出现较好的同步和有序的定向变化，促进大脑皮质活动的有序化，使神经过程的兴奋与抑制更加均衡，改善脑功能和神经系统的协调能力。

传统体育养生的各种姿势调节、呼吸与动作配合，以及注重意识对身体运动感觉的"用意不用力"等锻炼方法和特点，使人体运动更加协调、灵敏、平稳和准确，从而有效地提高神经系统机能。

六、传统体育养生与内分泌系统

（一）内分泌系统基本知识

内分泌系统是神经系统以外的另一重要机能调节系统，可分为两大类：一是在形态结构上独立存在的肉眼可见器官,即内分泌器官,如垂体、松果体、甲状腺、甲状旁腺、胸腺及肾上腺等;二是分散存于其他器官组织中的内分泌细胞团,即内分泌组织,如胰腺内的胰岛,睾丸内的间质细胞,卵巢内的卵泡细胞及黄体细胞等。部分内分泌器官及组织参与人类性活动,对人类性活动影响较大,如性腺——卵巢和睾丸所分泌的性激素,是人类性活动的物质基础。

传统体育养生锻炼对内分泌系统的作用

(二)传统体育养生锻炼对内分泌系统的作用

人体内环境的各项物理、化学因素保持相对稳定的状态称为"内环境稳态"。内环境稳态是细胞、器官维护正常生存和活动的必要条件。这种机体适应各种变化的过程称为生理功能的调节。内分泌系统是维持、恢复内环境稳态重要的调节系统。长期练习传统体育养生功法,可促使内分泌功能通过一系列适应性变化而产生应答性反应。对健身气功·八段锦习练者的观察发现,经过3个月锻炼后,老年女性的体内雌二醇(E2)含量增加;老年男性体内睾酮(T)的含量在6个月后也有升高。练习健身气功·六字诀6个月后,习练者的雌二醇(E2)和β-内啡肽(β-EP)含量增加,睾酮(T)和生长激素(HGH)含量具有上升的趋势。自然杀伤细胞(NK细胞)是机体重要的免疫细胞,不仅与抗肿瘤、抗病毒感染和免疫调节有关,而且在某些情况下参与超敏反应和自身免疫性疾病的发生,能够识别靶细胞、杀伤介质。经过6个月太极拳练习,习练者血液中NK细胞的含量从13.93%增加到14.93%,单次练习后习练者的NK细胞也有所增加,说明练习太极拳可以有效地提高习练者的免疫功能。

现代科学研究表明,适宜的体育锻炼可以调节内分泌腺的功能,促进人体新陈代谢和正常的生长发育,提高人体免疫力。由此可见,长期练习传统体育养生功法,能够改善衰老对激素水平的影响,调节中老年人新陈代谢的过程,达到延年益寿的作用。

从生理学角度对传统体育养生进行的研究表明,传统体育养生对人体各个系统均有着良好的锻炼、康养作用,适合广大人群。

第四节 传统体育养生的心理学基础

心理学是研究人类心理现象与行为活动的科学。作为一门独立的学科,心理学的诞生以1879年德国科学家威廉·冯特(Wilhelm Wundt)在莱比锡大学建立世界上第一个心理实验室为标志。但是作为一种正常的生命现象,人类的精神活动及其相对应的行为表现则伴随着人类历史的发展。古人关于人类心理现象也多有思考,并以之指导实践活动。中国传统体育养生在涉及心理的认知与行为干预方面也有深邃而丰富的思考,为中国古代心理学作出了重要贡献。

经过一百多年的积累,心理学已经非常成熟,各分支学科与交叉学科的理论研究与应用实践均取得了突飞猛进的发展,我们这里只论述与传统体育养生关系密切的生物心理学和社会心理学。

一、传统体育养生与生物心理学

生物心理学又称心理生物学、生理心理学等,是一种用生物学方法,如神经系统的解剖结构、生物化学反应、脑组织的分区功能等来描述和解释人类行为的一项基础学科。传统体育养生立足于人类的身心状况,通过各种养生思想与功法实践影响人的生理心理,以达到身心平衡、强身健体、调养心性的养生目的。

(一)生物心理学的基本内容

现代生物心理学认为,人类的一切心理过程均是脑细胞有组织的整体活动。脑细胞有组织的整体活动涉及神经系统各个组织层面的机能作用、生化过程和脑电表现。其中,最基层的神经组织表现为神经突触的受体部分,而最高层的神经组织及其活动发生在大脑皮质。一般而言,感觉、知觉、运动、生殖、摄食、饮水、睡眠、情绪、学习、记忆、思维等人类的生物心理活动,均反映了神经系统微观与宏观层面的机能作用,可以通过生化分析和电生理检测得以展开研究。其中,与传统体育养生关系密切的生物心理活动主要表现在感知、运动、睡眠、情绪、学习等方面。

生物心理学的基本内容

1. 感知

生物心理学层面的感知分为感觉与知觉两个方面。通过化学的(如嗅觉、味觉等)、机械的(如触觉、听觉等)、光学的(如视觉)、热学的(如温度等)感觉系统，人类觉察、认知与评估外界环境及其变化，进而予以相应的调适，这是感知的主要内容。觉察外界环境及其变化涉及皮肤、耳(包括前庭器官)、眼、鼻、舌等感觉器官的活动，认知外界环境及其变化所形成的刺激，这些刺激被神经系统编码，从而形成一种整体性的知觉。感觉形成各种刺激，刺激经过加工而形成知觉。知觉涉及神经中枢的活动，故而属于更为高级的生物心理现象。

2. 运动

人类的一切行为都可以外化为运动表征。生物心理学意义上的"运动"主要指动作的控制系统。所有的动作都是神经控制的肌肉群在张弛收纵模式下产生的结果。肌肉群的张弛收纵所涉及的神经控制主要表现在周围神经、脊髓神经与脑神经三个层面。这三个层面相互影响，但是脑神经层面的神经控制更为高级，发挥"运动指挥部"的功能。脑神经的控制系统通过下行的线路调整中间神经元、运动神经元和操控感受器的神经元。由此形成的运动系统具有支持运动与保持稳定的双重目的。支持运动意味着动作的发出及其转化，保持稳定意味着运动的持续与平衡性的保障。帕金森病患者在组织动作方面遭遇障碍，前庭动眼反射则可以保障头动的时候物象仍然保持在视网膜的中央小凹处，这涉及保持稳定的神经系统的作用。研究发现，小脑的绒球小叶中的浦肯野细胞(Purkinje cell，神经细胞的一种)下行至前庭核，抑制前庭核细胞的活动，从而支撑前庭动眼反射，维持运动系统的稳定性。与小脑主要执行抑制作用不同，大脑皮质的运动神经元轴突下行至脊髓，主要发挥兴奋性的作用。一个健全人的一切运动，都是大脑皮质运动区、小脑、脊髓等涉及运动神经系统的组织之间相互作用所产生的结果。

3. 睡眠

睡眠是人类的重要生命表征之一，涉及人类的各种生物性活动，也会影响人类的心理状态。诸如失眠、嗜睡、梦魇、梦游等现象，一般而言，都具有生物心理方面的原因。根据脑电图(EEG)分析可知，在人们清醒的时候，闭上眼睛休息，就会出现一种整齐的、频率为8~12 Hz的α节律。当开始打瞌睡时，α节律的波幅下降，直至消失，代之以低幅不规则的低频波，这是睡眠的第一阶段。睡眠的第二阶段的脑电图出现周期性的爆发波，一组一组犹如纺锤，梭状波是第二阶段脑电图的重要特征。睡眠的第三阶段的脑电图，其特征是阵发式的梭状波与幅度较高的慢波相混合，生理特征表现为肌肉的松弛、心率与呼吸频率的降低。随后，脑电图出现连续的高幅慢波，这是睡眠的第四阶段。第一阶段至第四阶段的睡眠都属于慢波睡眠。第四阶段之后，紧接着会出现一种类似于警醒时的低幅快波脑电波，生理表现为呼吸、脉搏加快且不规则，眼球在眼皮下快速转动，这种状态称作快速眼动睡眠。各种睡眠障碍均可以反映为上述睡眠阶段的脑电图异常，同时也伴有生理心理的变化，这是研究者探索睡眠障碍原因及其疗治的重要依据。适宜的运动对于疗治失眠、梦魇等睡眠障碍具有一定的积极作用。

4. 情绪

人非草木，孰能无情？情绪是人类的一种内部的主观体验，诉诸一种激越的、强烈的情感状态，同时可能伴有呕吐、发热、出汗、心跳加快、血压上升等生理变化。情绪往往通过面部表情、姿势、语速语调等表现出来，其中，喜悦、愤怒、悲伤、恐惧等四种特定的面部表情，为世界各地不同的文化所公认，具有一定的普遍性。情绪的内部表现则反映为自主神经控制的内脏活动。心率、血压、胃蠕动、血管扩张与收缩、皮肤电阻等都反映情绪状态，但是这些表现并不能对应于确定的情绪类型，喜悦与愤怒都会引起心跳加快，悲伤与恐惧都可能引起胃部反呕，由此可见情绪的内脏反应具有一定的不确定性和差异性。情绪的变化与内分泌系统关系密切，研究表明，肾上腺功能失常，导致糖皮质激素分泌减少，可能引起抑郁症。尽管如此，大脑的有意识活动也会影响人的情绪变化。由下丘脑、乳头体、前丘脑、扣带回皮质构成的帕佩兹环（Papez circuit）与人类的情绪关系密切，实验研究表明，额叶、颞叶和杏仁核区的大脑部位与人类的癫痫和攻击行为有关，精神分裂症与染色体异常性质的家族遗传有关，这些病症可以通过手术与药物得到一定程度的控制。

5. 学习

从生物心理学角度来说，学习意味着新的适应行为的形成过程及其结果。人类个体在环境中接触新事物，获得新体验，从而改变自己的适应行为，这就是学习的整个过程。学习的过程及其结果必然伴随记忆。记忆的作用在于固化新体验，使之成为较为稳定的适应行为。联想学习主要分为经典条件作用与手段条件作用两类，印记（如初生小鸭会跟随第一次看到的运动物体）也属于一种联想学习。非联想学习是指人体对于刺激物的反应由于熟悉刺激而不断减弱乃至消失（习惯化）。当然，对于习惯化的状态，突然施加强刺激，机体能够对习惯化的刺激再次反应，这就是去习惯化作用（敏感化）。记忆过程涉及编码、巩固和提取三个环节，脑震荡、电休克治疗、失眠、服用药物等会影响人类的记忆。乳头体、海马体、颞柄的损伤或病变会引起记忆障碍。学习机制与记忆储存广布于神经系统的各个方面,通过各种生化反应、脑电作用促成人体新的适应行为的建立。各种自然的或社会的经验(比如传统体育养生运动训练)会影响神经系统的生化、脑电工作,亦即参与学习和记忆的过程。

(二)传统体育养生对人体生物心理的作用

在我国传统文化语境中,"心"对应英语的heart和mind,前者指生物性的组织器官——心脏,后者指生物性的组织器官——大脑及其对应的心理官能(如感知、记忆、思维等)。大脑是人体生物心理活动的基础,故而《黄帝内经·素问·五脏别论》将"脑"视作一种特殊的"奇恒之腑"。《孟子·告子》认为:"心之官则思,思则得之,不思则不得也。"[1]这里的"心",就其实际所指而言,对应于人体大脑,由此可见传统体育养生对于大脑与人体心理的重视。也是因为这个原因,《黄帝内经·素问·灵兰秘典论》将"心"视作"君主之官",乃是影响心理活动、思维认识的关键所在,而且对养生来说也意义非凡:"故主明则下安,以此养生则寿,殁世不殆,以为天下则大昌。主不明则十二官危,使道闭塞而不通,形乃大伤,以此养生则殃,以为天下者,其宗大危,戒之戒之。"[2]

1. 传统体育养生对痛觉的作用

现代生物心理学研究表明,痛觉对人类行为具有重要意义,没有痛觉的人,很难感受来自外界或内部的各种有害刺激,当然,过度的痛感也令人难以忍受。研究表明,练习传统体育养生功法,对缓解人体痛觉具有积极作用。传统体育养生功法注重站桩以放松身心,往往产生温暖舒爽的感觉;各种功法术式强调舒展肢体、活络气血,练功之后往往皮肤煦暖,身体发热,微微发汗,身心俱泰。这是内啡肽分泌的结果。内啡肽是人体自身合成的吗啡类物质,实验证明,电刺激脑干的导水管周围灰质区或中医针刺麻醉同一区域,都可以提高内啡肽水平,从而产生一定的止

传统体育养生对人体生物心理的作用

---

1 杨伯峻. 孟子译注[M]. 北京:中华书局,1960:270.
2 南京中医药大学. 黄帝内经素问译释[M]. 4版. 上海:上海科学技术出版社,2009:90.

痛作用。传统体育养生中的推拿按摩也具有同样的效果。由此可见传统体育养生对于人生物心理具有良好影响。

2. 传统体育养生对注意力的作用

来自人体内外的各种刺激相互形成竞争，注意力是对各种竞争性刺激加以选择的机制和能力。全神贯注地将心力集中到一个特殊的任务上，就是注意力集中的重要表现。现代神经解剖学发现，感觉神经元的轴突延伸向中脑和间脑，同时分出旁支伸向脑干的网状结构。网状结构受到损伤，或者加以药物控制，会影响注意力。大脑皮质的顶叶细胞与注意之间保持特别的关系，额叶的眼区涉及视觉空间探索的注意问题，扣带回皮质的后部则与注意的动机关系密切。传统体育养生特别强调调神入静的功夫，正如司马承祯《坐忘论·收心》所言，"静则生慧，动则成昏""息乱而不灭照，宁静而不著空，行之有常，自得真见"[1]。李亦畲《太极拳论》则从反面来论述"心静"的重要性："心不静则不专，一举手，前后左右，全无定向，故要心静。"[2]这都是生物心理学方面的重要理论探索与实践验证。

3. 传统体育养生对运动可塑性的作用

练习传统体育养生功法，要求认真学习与熟练掌握每一个动作及其要领，这其实涉及运动可塑性问题。现代生物心理学研究表明，中枢神经系统的后天训练可以作用于前庭动眼反射。所谓前庭动眼反射就是在头部转动的情况下，通过眼球的转动来维持视网膜上物象的稳定性。研究表明，改变前庭动眼反射的运动速度控制可能发生在延脑与小脑中：延脑的下橄榄核给小脑以兴奋性输入，小脑节制前庭动眼反射的增益程度。与此同时，人类的意向性活动，通过刺激大脑皮质的运动区而对人们的运动行为产生积极影响。王宗岳《太极拳论》的"由招熟而渐悟懂劲，由懂劲而阶及神明，然非用力之久不能豁然贯通焉"[3]，其实就是运动可塑性方面的实践总结与理论思考，是传统体育养生在生物心理学方面的重要作用。

---

1 司马承祯集［M］吴受琚，辑释．俞震，曾敏，校补．北京：社会科学文献出版社，2013：133-134，135.

2 王宗岳，等．太极拳谱［M］沈寿，点校考释．北京：人民体育出版社，1991：64.

3 王宗岳，等．太极拳谱［M］沈寿，点校考释．北京：人民体育出版社，1991：25.

4. 传统体育养生对自主神经的作用

自主神经是外周传出神经系统的一部分，能够调节内脏、血管平滑肌、心肌和各种腺体的活动。由于内脏反射通常不能随意控制，故而名为"自主神经"。现代生物心理学研究表明，内脏和各种腺体的活动能够刺激或反映情绪状态，故而情绪与自主神经的关系非常密切。传统体育养生的许多功法都涉及经络与脏腑的训练（如八段锦"两手攀足固肾腰"、易筋经"倒拽九牛尾"等），在某种意义上能对自主神经产生正向影响，从而调节人的情绪状态。传统体育养生功法的准备活动，如司马承祯《导引论》的"平坐，握固，闭目思神，叩齿三百六十五过"[1]等动作要求，通过放松与集神来调整情绪状态，从而保障后续的经络与脏腑训练，这是情绪控制以影响内脏进而对自主神经产生正向影响的典范。由此可见，练习传统体育养生功法，通过情绪控制与脏腑训练的交互影响，从而达到喻昌《医门法律》所描述的"志意和，精神定，悔怒不起，魂魄不散，五脏俱宁"[2]的养生效果，无疑也具有重要的生物心理学意义。

传统体育养生的生物心理学意义还反映在更为高级的大脑思维过程中，因为人类思维涉及复杂的神经中枢活动和社会交互作用，关于这方面的论述，将在"传统体育养生的社会心理学基础"中进行讨论。

二、传统体育养生与社会心理学

社会心理学的基本内容

社会心理学（Social Psychology）是指研究个体和群体在社会相互作用中的心理和行为发生及其变化规律的一门学科。社会心理学在个体水平和社会群体水平上对人际关系进行探讨。传统体育养生强调天人合一的养生境界，要求在人与自然、人与社会、人与自身之间达成某种和谐状态，从而影响人们的社会心理，培养人们的社交能力，以达到身心平衡、群己和谐、美美与共的养生目的。

---

1 司马承祯集［M］吴受琚，辑释．俞震，曾敏，校补．北京：社会科学文献出版社，2013：81．

2 喻昌．医门法律［M］徐复霖，点校．2版．上海：上海科学技术出版社，1983．

（一）社会心理学的基本内容

孔子说："性相近也，习相远也。"(《论语·阳货》)。"性相近"强调人类个体社会心理的本能性，"习相远"侧重于环境对人类社会心理的影响作用。由于研究角度和方法的不同，社会心理学主要分为心理学取向与社会学取向两种研究路径。心理学取向的社会心理学尝试从个人的人格结构分析中寻求各种社会行为的解释，以英国心理学家威廉·麦独孤（William McDougall）为代表。社会学取向的社会心理学通过社会地位、社会角色、社会化等因素来研究人们的社会互动，从而寻求对人类行为本质的解释，以美国社会学家爱德华·罗斯（Edward Ross）为代表。一般而言，以认知、自我、信念、判断、态度等面向为主的社会思维研究，以从众与说服为主的社会影响研究，以偏见、攻击、利他等行为为主的社会关系研究，构成了社会心理学的主要内容。这些内容与传统体育养生均具有一定联系。

1. 社会认知

社会思维首先涉及社会认知的问题。社会认知与自然认知不同：前者的刺激来自社会环境，后者的刺激来自自然界，尽管刺激的接受者与感知者都是大脑，但是认知的对象完全不同。所谓"社会认知"指的是人们从社会环境中获取信息，并进行一定社会推理的过程。这一过程的核心在于社会推理，涉及人类个体的自我认知，也涉及人们如何看待他人或社会团体，如何对自己的社会角色作出定位。社会推理包含收集信息、整合信息与作出判断三个环节。譬如"练习太极拳有利于身心健康"的判断，当事人首先需要观察太极拳习练者的生命状态和生活质量，收集相关信息，然后将各种信息进行整合，最后作出上述判断。负面的信息往往影响判断的方向。譬如当事人听说一位太极拳习练者的膝盖受伤了，就可能会得出相反的判断，从而放弃练习太极拳。但是如果当事人了解这位太极拳习练者的膝盖之所以有伤，其原因在于不得法，而不在太极拳本身，则可能会尝试练习太极拳。这就涉及信息整合的作用了。不同的情绪会影响人们的记忆，也会影响人们对于社会的评判，而且还会影响人们的推理决策过程。社会推理与人们的主观动机也有关系，如果当事人对传统体育养生持有敬意，对于通过练习太极拳改善身心状况怀有信念，则其选择练习太极拳的可能性就会更大。

2. 自我认知

人类个体的自我认知是在社会环境中形成的，自尊是人们对自己所作出的评价。一般而言，自我认知来自人的社会化，"自我"概念的最终形成伴随人类个体社会化的全过程。别人对当事人的反应构成了当事人的"镜像自我"，通过这种反馈性评价，人类个体形成了自我认知。不同的环境为个体了解自己的个性提供了不同的线索，较之于自幼且长期生活在海外的华人华侨而言，中国社会环境中成长的个体对于传统体育养生具有更多的体验和亲近感，这些体验与亲近感需要经过一个特殊的、标志性的唤醒机制而形成自我知觉。社会群体对个体身份的认同以及相关价值观、情感的接受（社会认同）对于自我概念的形成也具有重要的作用。

3. 社会态度

社会态度包含个体自我的认知、情感和行为三个层面。三个层面之间互有影响，但并不总是高度相关。了解传统体育养生原理并掌握其功法的人不一定会付诸实践，因为其可能工作比较忙，尽管其在情感与信念方面，高度认同传统体育养生。练习传统体育养生功法的专业人士，如一位正在备战全国太极拳锦标赛的运动员可能因为高强度的训练而精神紧张，其在情感方面会对太极拳产生一种爱恨交加的复杂情愫。

4. 说服

改变个体的社会态度涉及社会心理学的说服理论。说服发生在社会交往的沟通过程之中。在这一过程中，沟通双方进行了信息交换，可信度高且更为专业的信息更具有说服力，沟通者之间的信赖程度、相互的喜悦程度也会影响说服的效果。当然，因为一些特别的理由，被说服者也可能会全然拒绝对方的观点，中断信息交换的进程，从而导致说服失败。随着时间的流逝，个体自我关于某种社会情境、行为或价值的态度有所变化，说服过程也可能继续进行。

5. 从众与遵从

当社会环境对于某种情境、行为或价值高度认可或赞同时，往往形成一种具有权威性的压力，迫使个体改变自己的态度，进而调整行为，这就涉及社会心理学的从众和遵从理论。人们之所以倾向于从众或遵从，一方面，因为权威性态度往往为大多数人所接受，在某种意义上意味着信息正确与群体一致，为了避免"错误"与不必要的离群，人们在心理上产生从众或遵从的倾向。另一方面，从众或遵从的做法给当事人承诺了社群接受，亦即服从大多数人所接受的权威性态度，获得其他人的赞许，是个体自我改变自己、融入社会的重要方式。一般而言，从众是个体自我

第四节 传统体育养生的心理学基础

内在的态度选择与行为改变，遵从则带有一定的来自外部力量的强迫性，个体自我改变态度与行为的做法不一定符合自己的意愿。当然，也有拒绝从众或遵从的行为发生。拒绝从众或遵从的群体往往是少数派。一个社会允许少数派保留其态度和行为的程度，表征了这个社会的多元化和包容的程度。

6. 偏见

偏见是对社会个体或团体所持有的一种不公平、不合理的消极否定的态度。这种态度本身及其可能带来的偏激行为，通常会对社会生活的和谐有序造成破坏。偏见是一种特殊的社会态度，在认知层面上往往会形成一种刻板印象（如认为练武术的人都是"粗人""没文化"），在情绪层面上表现为非理性与情绪化。偏见的产生与个体的成长经历有关，童年阶段的压抑或挫折容易导致偏见心理，权威主义的人格倾向也很容易产生偏见。偏见也与社会学习有关，这是因为偏见具有习得性，人们往往从父母、老师、朋友、同事及其他周围的人群中接受某些负面刺激，从而形成对特定社会个体或团体的消极态度。社群之间的利益冲突也往往会导致偏见。增加平等的、个人间的接触，加强多元化的教育，建设包容性的多元化社区，鼓励普遍的合作，通过法律、制度对人们的社会行为予以规范等举措，可以有效预防和消除偏见。

7. 攻击

攻击是一种伤害其他社会成员的行为。刺激下丘脑、海马体和杏仁核的某些部位会引起攻击行为，这是生物心理学的解释。西格蒙德·弗洛伊德（Sigmund Freud）将人类的攻击行为与死本能联系起来，康拉德·洛伦茨（Konrad Lorenz）则认识到攻击本能所具有的进化意义。但是社会心理学更多从社会层面来寻求人类攻击行为的原因。攻击的情感因素主要表现为愤怒，甚或仇恨。遭受他人袭击或侵犯，以及为达成某种目标而遭遇干扰或阻碍，往往会引起愤怒。基于遭受袭击或挫折的体验，社会个体容易产生一种报复动机，这会刺激攻击行为的产生，最终可能会导致攻击行为的实施。模仿是儿童行为的一个重要机制，儿童可能通过模仿他人的攻击行为（如父母惩罚儿童，或暴力镜头的影视作品）而习得攻击行为。警察、军人、拳击手、武术家通过强化学习而掌握攻击的技巧。警察捉小偷，军人抵御外敌入侵，散打运动员为了赢得比赛、获得名次而在擂台上激烈地击打，这些行为属于亲社会攻击行为，因为它们受到一定社会规范的支配。反社会攻击行为如袭击、殴打、强奸、谋杀等，则有悖于人类社会的普遍道德准则。

基于对可能遭受惩罚或报复的害怕，当事人会抑制自己的攻击行为。营造和谐社会氛围以减少社会个体的受挫与袭击是一种减少和消除攻击行为的建设性做法，加强理性教育和人文情怀、分散注意力、寻找适当的宣泄方式则是减少和消除攻击行为的技术性措施。

8. 利他

利他也是一种亲社会行为，当事人往往出于自愿而帮助他人，且至少在主观上没有任何功利性目的。母亲的"护犊"表现是一种典型的利他行为，这种行为可以获得生物学的理论支撑，具有重要的进化意义。非血亲之间的利他行为往往具有各种复杂的社会心理原因。利他行为首先涉及知觉问题。只有意识到他人需要帮助的时候，利他行为才可能会发生。利他行为还涉及当事人对自己所担负责任与义务的考量。有人落水，是否救助？当事人可能因为自己并不善于游泳而压抑利他心理，放弃利他行为。但是如果有人落水时看到不远处有人在垂钓，当事人可能会呼救，因为这是自己能力范围之内可以执行的利他行为。对于接受帮助的人来说，利他行为可能对自己的尊严构成一定的威胁，"受人滴水之恩，当以涌泉相报"，报恩的成本也会影响当事人的心理，接受帮助的同时也意味着某种程度的自由的丧失。故而，有时候也存在拒绝利他行为的消极性反馈。这就是说，利他行为还需要考虑到当事人的社会心理感受。

（二）传统体育养生对人体社会心理的作用

传统体育养生对人体社会心理的作用

效仿自然、天人合一是传统体育养生的重要思想内容。正如《道德经》第二十五章所说："人法地，地法天，天法道，道法自然。"[1] 自然是传统体育养生所期望达到的一种理想的身心状态。无论精神的放松自在，还是呼吸的深长细匀，以及动作的轻柔圆活，都是自然状态的具体表现。传统体育养生还特别强调情欲的适当调控，追求素朴淡雅的情志境界，重视养心的重要性，正如《管子·内业》所说："我心治，官乃治。我心安，官乃安。治之者心也，安之者心也。"[2] 这里的"官"，

---

[1] 老子道德经注校释[M]. 王弼, 注. 楼宇烈, 校释. 北京：中华书局, 2008：64.

[2] 管子[M]. 李山, 译注. 北京：中华书局, 2009：267.

一方面可以理解为生理官能，另一方面也可以理解为社会政体，这种理解在《黄帝内经·素问·灵兰秘典论》中表现为对于五脏六腑功能及其相互关系的说明："故主明则下安，以此养生则寿，殁世不殆，以为天下则大昌。主不明则十二官危，使道闭塞而不通，形乃大伤，以此养生则殃，以为天下者，其宗大危，戒之戒之。"[1] 基于"身国同治"的思维模式，传统体育养生特别推崇生理、心理、自然、社会的整体养生模式，这是天人合一思想的具体表现，也是传统体育养生有关社会心理学方面的理论探索与努力。

1. 传统体育养生对社会认知的作用

社会认知是一种复杂的心理过程，方法得当的社会推理对于获得正确而周全的社会认知具有重要作用。传统体育养生强调立志专一、节制情欲，可以有效规避社会推理在收集信息、整合信息和作出判断三个环节中可能遭遇的各种干扰，正如葛洪《抱朴子内篇·至理》所言，"荣华势利诱其意，素颜玉肤惑其目，清商流徵乱其耳，爱恶利害搅其神，功名声誉束其体"[2]，这些涉及声色享乐、虚荣功利的因素，都是"不召而自来，不学而已成"的人类本性，对于身心健康非常不利，也会影响人们的正常认知，故而需要养生者做到"遏欲视之目，遣损明之色，杜思音之耳，远乱听之声，涤除玄览，守雌抱一，专气致柔，镇以恬素，遣欢戚之邪情，外得失之荣辱，割厚生之腊毒"[3]，如此才可以对自我和社会形成一种清醒而正确的认知，达到"内以治身，外以为国"[4]（《抱朴子内篇·明本》）的理想效果。

2. 传统体育养生对自我认知的作用

人格尊严是自我概念非常重要的组成部分，也是人类个体在自我认知过程中发挥重要作用的社会心理因素。有的人自命不凡，由于某些特殊的成长经历或教育体验，不能认识到自我的界限，面对大自然和社会群体，持有一种洋洋自得的傲慢之气，从而滋生种种偏见，不能够摆正自己在社群中的位置，经常保持一种虚幻而敏感的人格尊严，高度自尊，不易亲近，故而很难做出利他行为，也难以获得普遍的

---

1 南京中医药大学. 黄帝内经素问译释[M]. 4版. 上海：上海科学技术出版社，2009：90.

2 王明. 抱朴子内篇校释[M]. 北京：中华书局，1980：99.

3 王明. 抱朴子内篇校释[M]. 北京：中华书局，1980：100.

4 王明. 抱朴子内篇校释[M]. 北京：中华书局，1980：168.

社会认同，也不易在社群交际中实现自我价值。基于天人合一的整体观，传统体育养生非常重视精气神"三合为一"的理念，认为"此三者，共一位也，本天地人之气。神者受之于天，精者受之于地，气者受之于中和，相与共为一道。故神者乘气而行，精者居其中也"[1]，强调精气神"三者相助为治"，将个体自我放置于天地人三才之道的视域内综合考量，一方面摆正了自我在大自然与社会中的角色定位，使得自我更易于实现与外界的和谐统一，从而形塑自我认同，另一方面将精气神统一于"天地人之气"。"爱气尊神重精"，强调精气神在实现中和之道中的重要作用，从而使得自我尊严得到高度认可，在培养良好的自我认知的同时，达到很好的养生效果。[2]

传统体育养生还非常重视德性修养在人格尊严养成中的重要作用，正如《孟子·告子》所说："仁义忠信，乐善不倦，此天爵也；公卿大夫，此人爵也。古之人修其天爵，而人爵从之。今之人修其天爵，以要人爵，既得人爵，而弃其天爵，则惑之甚者也，终亦必亡而已矣。"[3]所谓"天爵"，就是"仁义忠信"等高贵的德性修养，这些德性付诸社会实践当中，往往产生很好的利他效果。而"人爵"不过是"公卿大夫"等人世间虚荣的社会地位，有些人以身份地位来凸显尊严，这样的人格自我其实是相当脆弱的。这是因为，身份地位是外在的，不能够长久的，而道德境界是内在的，伴随个体自我生前身后的。强调德性修养的自我才是坚固的，这恰恰是传统体育养生所看重的地方。修德养性也是孙思邈养生思想的重要内容，在《千金药方·养性序》中，孙思邈认为："性既自善，内外百病皆悉不生，祸乱灾害亦无由作，此养性之大经也。善养性者，则治未病之病，是其义也。故养性者，不但饵药餐霞，其在兼于百行。百行周备，虽绝药饵，足以遐年。德行不克，纵服玉液金丹，未能延寿。"[4]"治未病"涉及一种对于自我身心状态的通透体认，而修德养性是"治未病"之大经大义，由此亦可见传统体育养生对于提升自我认知具有重要作用。

---

1 王明. 太平经合校 [M] 北京：中华书局，1960：728.

2 王明. 太平经合校 [M] 北京：中华书局，1960：728.

3 杨伯峻. 孟子译注 [M] 北京：中华书局，1960：271.

4 李景荣，等. 备急千金要方校释 [M] 北京：人民卫生出版社，1998：572.

3. 传统体育养生对社会态度的作用

传统体育养生对于个体社会态度的形成发挥着积极作用。《道德经》第八十章描述了"至治之极"的理想社会状态："甘其食,美其服,安其居,乐其俗,邻国相望,鸡犬之声相闻,民至老死不相往来。"[1]曾经有一种观点,从消极角度来理解"邻国相望,鸡犬之声相闻,民至老死不相往来",认为这是一种不切实际的、倒退到原始社会的"小国寡民"的乌托邦幻想。基于一种建设性诠释的视角,有观点认为这些文字描述了一种悠然自得的社会心理状态:在保持人格独立、自在心境的前提下,"甘其食,美其服,安其居,乐其俗",积极融入社会,享受美食服饰居所风俗等社会文化所带来的安适与恬淡。这种积极的社会态度在《黄帝内经》中也有体现,而且更为鲜明地将身心和谐的养生目的与积极的社会态度联系起来,"(圣人)处天地之和,从八风之理,适嗜欲于世俗之间,无恚嗔之心,行不欲离于世,被服章,举不欲观于俗,外不劳形于事,内无思想之患,以恬愉为务,以自得为功,形体不敝,精神不散,亦可以百数"[2],也充分表明了传统体育养生对社会心理的积极作用。

思考题

1. 请分析传统体育养生是如何应用中国古代哲学中的阴阳、五行学说的。
2. 通过进行传统体育养生实践活动,简述中医学脏腑、经络、精气神学说。
3. 请利用生理学呼吸系统、心血管系统理论解释传统体育养生的相关特征。
4. 传统体育养生对自主神经有哪些促进作用?
5. 如何利用传统体育养生来调节和引导当代人的社会心理?

---

1 老子道德经注校释[M].王弼,注.楼宇烈,校释.北京:中华书局,2008:190.
2 南京中医药大学.黄帝内经素问译释[M].4版.上海:上海科学技术出版社,2009:9.

第四章
传统体育养生"三调"理论与方法

【章前导言】

本章通过对"三调"基本概念、对象、内容、功用、方法、形式、特点、原理的论述,使学生掌握调身、调息、调心以及"三调合一"的基本方法,了解其健身作用和原理,加深对功法技术和原理的认识,进而能够将其合理地运用到功法学习、锻炼之中,为获得良好的健身防病、延年益寿效果服务。

【学习目标】

1. 理解调身、调息、调心的概念。
2. 掌握调身、调息、调心的方法。
3. 了解调身、调息、调心的作用。
4. 掌握调身、调息、调心的注意事项。
5. 充分认识与理解传统体育养生中的"三调合一"原则。

传统体育养生是一种以强健身体、延年益寿为目的，以较为和缓的形体活动为基础，身心状态趋向于调身、调息、调心三者合一的体育运动项目。也就是说，在传统体育养生中，柔缓的身体运动是其表现形式，调身、调息和调心是其练功手段，而趋向于"三调合一"是其练功准则。因此，在练习传统体育养生功法时，应当充分认识"三调"的重要性，深入理解和掌握"三调"的原则与方法，在实际的练功过程中做好"三调"，这是传统体育养生功法练习者应该重视的核心问题。

第一节　调身理论与方法

一、调身的概念

调身，顾名思义，是对身体姿势或动作进行主动的、自觉的调整和锻炼，使之逐渐达到练功目的和要求，并与调息、调心有机结合，进而达到增强体质、防控疾病、延年益寿目的的自我锻炼过程。大致而言，调身的概念包括如下四层含义：

其一，调身的核心是调节形体，不仅包含形体动作，而且包括身体姿势；既有动态过程，又有相对静止的身体姿势。动作过程和身体姿势两者之间既有联系又有区别，连续变换姿势就形成了动作，动作的相对固定和分解就成为姿势。

其二，调身是使身体姿势、动作方法过程等逐渐达到或接近各功法本身的目的和要求的过程。换言之，练习传统体育养生功法时，其身体姿势、身体动作方法，在符合阴阳学说、经络理论、脏腑学说和现代运动生理理论的基础上，逐渐接近功法本身的目的。

其三，调身不是孤立的过程，而是要和调息、调心有机结合，才能达到健身祛病的功法目的。

其四，调身的过程是自觉的、有目的的、主动的自我练习过程，而非被动或被迫的、无目标的；更不靠别人加助力、发外气，或任何其他外力的帮助。

调身的概念、对象、内容

二、调身的对象

调身是指练功时对具体身体器官部位的调整。传统体育养生的调身是对人体全身外部形态的调整,也就是通常所说的对四肢百骸的调整。调身的对象有多种划分方法。

调身的对象按部位可分为头颈、五官、躯干、上肢、下肢。

调身的对象按顺序可分为头、颈、肩、肘、腕、掌、指、胸、腹、肋、脊、背、腰、臀、髋、腿、膝、踝、足、趾等;还包括头部的口、眼、耳、鼻、舌等五官和前后二阴。

调身的对象按组织可分为肌肉、韧带、肌腱、骨骼、关节囊、筋膜、血管、神经、组织液、淋巴液等。

此外,还可按系统、器官等进行分类。传统体育养生调身的对象丰富而又具体,科学而又严谨,可根据具体情况设定。

三、调身的内容

调身意味着练功时对身体各部状态、运动形式、空间相对位置等方面进行调整,其内容是调整习练者静止时的姿势和运动时的动作状态。身体姿势调整正确到位,有利于身体动作的控制;身体动作控制正确合理,有助于身体姿势的正确到位。

(一)调节身体姿势的静止状态

调节身体姿势的静止状态,不仅需要正确的姿势和方法,而且需要意念的帮助,从而使身体中正安舒、不僵不拘,促进经络畅通、气血周流,以达到健身防病之目的。主要内容包括:

1. 头颈的调整

头颈的调整包括头、五官、面部和颈部的调整,基本要求为头正颈直,放松自然。

(1)两肩下沉,带动百会上领,使头部自然正直,出现"头如悬"或"提顶"的感觉。

（2）两眼垂帘，即用眼的余光看自己的鼻尖（素髎穴），使自己"神不外泄"。

（3）口唇轻闭，舌自然放平或舌柱上腭，即将舌尖抵在上腭与牙齿的交接处。

（4）舒眉展目，面部放松，通过两腮下落、嘴角后拉的操作，来放松面部，产生喜从心内生的感觉。

2. 颈项的调整

颈项的调整包括颈前、颈后、颈侧的调整，基本要求为颈部松直。但是，这种"直"要求达到似直非直的效果，感觉颈椎有牵拉感即可。"松"也不是松弛无力之感，而是要保持颈椎有弹性，颈前、颈侧舒适自然。颈项常出现被动的静态调整。

（1）下颌微收，使头部稍前倾。

（2）两肩下沉，百会上领。

3. 上肢的调整

上肢的调整包括肩、肘、腕、掌、指的调整，基本要求为松柔。但是，需要保持"松"而不"弛"、"柔"而不"糜"的状态。

（1）沉肩。肩部放松，有沉重感。两臂垂于体侧时，可通过掌指的微微下探来完成；两臂摆起时，可通过探指、提腕、坠肘来实现，要有放长、放远手臂之感。

（2）松（沉、垂、坠）肘。肘部不能挺直，要保持自然弧形。两臂垂于体侧时，自然放松即可；两臂摆起时，要通过外撇手来达到沉肘放松的目的。

（3）松腕、舒指。腕指自然放松，手腕疏松、似直非直，手心微含，手指微屈，感觉掌指温热微胀。在做外拉内合、上提下按时，手掌要呈现波动运动的姿态。

4. 胸脊背的调整

胸脊背调整包括胸部、脊柱和背部的调整，基本要求为含胸拔背、脊柱疏松。

（1）含胸。通过下颌微收、沉肩和脊背的加宽使天突穴和两乳头连线的三角区域（胸三角）放松。

（2）拔背。通过提顶和沉髋敛臀，使脊柱加长，保持似直非直之感，以部分消除生理弯曲。

含胸拔背是同时进行的，两者不可分离，可以用"脊背加长又加宽"来概括。含胸拔背的姿势有助于胸腔放松，心肺气血循环，也有助于调理脊柱，畅通任督二脉。

5. 腰臀髋的调整

腰臀髋调整包括腰部、臀部和髋部的调整，基本要求为松腰、沉髋、敛臀。

（1）松腰。腰椎相对拉直，减小腰部的生理弯曲。通过敛臀和提顶，使百会穴和尾闾穴处于同一垂线上，使脊柱受到适度牵拉。这有助于腰部放松、打开命门、畅通督脉。

（2）沉髋，也称沉胯。髋是腿侧从两髂嵴到大转子的区域。通过膝关节放松、意想髋部沉重而得以实现。如果在微蹲的情况下，应有如坐高凳的感觉；在坐势练习时，则要求臀部略向后突。

（3）敛臀。尾闾穴内收，这需要通过微提肛、收腹和落臀来完成，并且和提顶、沉髋同时进行，从而使百会穴和尾闾穴处于同一垂线上，进而实现放松腰脊、畅通督脉的效果。

腰、髋是人身体的中间位置，起到承上启下的枢纽作用，也被现代运动训练学称为核心，其锻炼价值在于改善运动能力，提升运动潜能，保护脊柱、腰部和骨盆。

6. 腿脚部的调整

腿脚部调整包括膝、踝、（脚）掌趾的调整，应使之松沉、安稳。

（1）松膝。无论并步还是开步直立时，膝关节都要放松，不能挺直，处于似直非直、舒适安稳状态；微蹲或马步下蹲时，膝关节要对准脚尖，但不能前跪，也就是说，膝关节在地面的投影，不能超过脚尖。

（2）踝稳。站立时，踝部要相对固定，似有扎根入地、稳如泰山之感。这有助于提顶向上，安稳舒适。坐式或盘坐练习时，两踝则处于充分放松状态。

（3）脚平。脚面伸展放平，脚踵下按，脚趾微微抓地。这有助于稳固站立，增加涌泉穴的气感。一般脚型有外八字、内八字和平行站立三种，站立时与肩同宽，马步下蹲时则需要开步三脚至三脚半距离。

（二）调节身体的动作状态

身体的动作状态形式多样、内容丰富。调节身体的动作状态的方法、要求应该根据功法本身的需要来设计和实施。

（1）动作形式。动作形式指练习过程中主要采用的表现形式，如快速、缓慢、屈曲、伸展、柔缓和刚猛等。一般来说，采用缓慢、屈曲、伸展、柔缓动作，既有助于强身健体，又可避免发生运动损伤和心脑血管意外。

（2）动作配合。动作配合指练习中肢体和躯干配合的方法，有上下、左右、肢体与躯干、肢体与头部、头部与躯干等配合方法。具体运用何种动作配合应根据各功法的设计和需要来决定。

（3）动作轨迹。动作轨迹指练习中肢体或身体的运动趋向和运行特征。运动趋向有前摆、侧摆、平移、平抹等，运行特征有直线运动、弧线运动、螺旋运动、曲折运动等多种。一般来说，要求动作圆活、舒展大方。

（4）动作方向。动作方向指练习中四肢、躯干和眼神的方向。如前、后、左、右、上、下及侧向、斜向等，不可穷尽。一般来说，要按照各功法的要求进行。

（5）动作速度。动作速度指肢体移动的快慢，有快速、中速、慢速、微速等。一般来说，以缓慢柔和为主。

（6）动作节奏。动作节奏指练习中动作快慢的比例、动静结合的安排、匀速和非匀速的结合。一般来说，要求匀速为主、动静结合，也有快慢相间的要求。

（7）动作力度。动作力度指练习中动作的用力大小和刚柔程度，有大、中、小、微及刚柔之分等。一般来说，要求用力柔和适中、逐渐加力。

（8）动作方法。动作方法指肢体动作练习方式，如屈曲、伸展、摩运、点揉、拍叩、俯仰、旋拧等，方法繁多。一般来说，以"引挽腰肢""导引按跷"为主。

调整身体的动作状态的内容很多，具体采用哪些，要根据功法需要进行。

四、调身的类型

调身的类型，即练功时调节身体的各种类型。按照不同的分类方法，可有很多划分方法，其主要划分方法如下：

（一）按练习形式分

（1）动功。动功指以身体动作练习为主的功法。如八段锦、五禽戏、易筋经等。

（2）静功。静功指以保持相对静止的身体姿势为主的功法。如"三线放松功""因是子静坐法""抱球桩""扶案桩"等各种桩功、桩法。

（3）动静功。动静功指身体练习包含动中有静、静中有动的功法。如"养生

调身的类型

筑基功""健身气功·十二段锦"等。

（二）按练习姿势分

历史上有各种姿势的功法，主要包括：

（1）站势功法。站势功法指习练者取立姿进行的功法练习。这是传统体育养生中常见的功法类型。如"内养功""练功十八法""健身气功""导引养生功"等，还有各类桩功。

（2）坐势功法。坐势功法指习练者取坐姿进行的功法练习。坐势可分为平坐、盘坐（自然盘、单盘、双盘）、靠坐、跪坐等。如"因是子静坐法""健身气功·十二段锦""陈希夷二十四节气坐功"等。

（3）卧势功法。卧势功法指习练者在床或垫上，取卧姿进行的功法练习。卧势可以分为仰卧、侧卧等。如"陈抟十二睡功图""三线放松法"等。

（4）行步功法。行步功法指习练者在行进间完成的功法练习。如"郭林新气功""太极行步功"等。

（5）攀爬功法。攀爬功法指习练者采用攀树（岩）或爬行的形式进行的功法练习。如《养性延命录》中记载的"五禽戏"既有猿攀的练习，又有虎扑的练习。

（三）按练习特征分

从传统体育养生的目的出发，结合人体锻炼规律功法练习特征，"调身"已基本形成一些独具特色的动作体系，具体包括：

（1）绵缓型功法。绵缓型功法指那些既强调动作柔和缓慢、连贯圆活，同时又要求以上下相随、协调配合为主要特征的练习方法。如"健身气功·导引养生功十二法""内养功""五禽戏"等。其目的在于畅通气血、调理内脏、改善心肺功能、预防运动不足。

（2）伸展型功法。伸展型功法指那些舒展大方的动作，以牵拉押扯、对拔拉长为主要特征的练习方法。如"易筋经""八段锦""练功十八法"等。其目的在于刺激穴位、畅通全身气血、疏肝利胆、变易筋骨。另外，此类型功法还可有效改善柔韧性。

（3）刚劲型功法。刚劲型功法指那些动作刚劲有力、刚中带柔的练习方法，也包括常采用以静力性收缩的方法为主要特征的练习方法。如"婆罗门导引十二法""十八罗汉导引""易筋经"等。其目的在于壮力强体、畅通全身气血、舒畅心情。

（4）按跷型功法。按跷型功法指那些以循经按摩、捻揉、点叩穴位为主要特征的练习方法。如"乾隆养生术""八虚拍打法""老子按摩法""孙思邈养生十六宜"等。其目的在于疏通经络、运行气血、防治疾病。

（5）仿生型功法。仿生型功法指那些将各种动物的动作提炼出来并组合进行练习，或在套路练习中以模仿各类动物动作为主的练习方法。如"五禽戏""体育养生功前热身""十二形拳"等。其目的在于梳理关节、调理五脏、愉悦精神、促进天人合一。

（6）武舞型功法。武舞型功法指那些将武术和民族舞蹈有机结合，体现出柔中带刚的特性，突出体现美感的练习方法。如"健身气功·大舞""敦煌舞"，以及各种"气舞"等。其目的在于畅通气血、愉悦精神、放松身心。

（7）行走型功法。行走型功法指那些以特定的步伐为基础创编而成的练习方法。如"新气功疗法""太极步""梅花桩"等。其目的在于调理内脏、改善心肺、消除脂肪、愉悦精神、融入自然。

人体各部是一个有机的系统，上述划分只是相对而言的，各种调身方法互相融会、互有交叉，这是普遍的现象。一种功法可以以某一种或两种调身方法为主，同时包含其他调身方法，这样才可以有机地组合成科学、合理、有效的功法。

五、调身的方法

传统体育养生调身的方法非常丰富，不可穷尽，其主要内容可以用"升、降、开、合、吞、吐、旋、转、叩、摩、抓、跷、盘、曲、抻、叠"十六个字来概括，这些方法构成功法"调身"练习的基本要素，并且依据功法的目的、特点和组合方式的变化，可以衍生出不可穷尽的练习方法组合，进而使得传统体育养生功法更加丰富多彩、功效全面，习练者可以各取所需。

六、调身的特点及作用

传统体育养生的调身，其文化底蕴、理论基础和练功目的与西方竞技体育运动具有本质区别，因此，其方法具有鲜明的特点。深刻理解其内涵，对于提高技术、

调身的特点

帮助调息和调心、保健身体、防控疾病具有积极意义。

（一）中正安舒、松是根本

（1）特点含义。练习时，无论静态桩功还是动态运动的过程，都要保持姿势和形体符合人体结构原理，保持相对平衡，使肢体处于不僵不拘的放松状态。如太极拳要求"对称协调、松沉柔顺"，五禽戏注重"形松意充"，八段锦要求"对称柔和"等。

（2）主要作用。其一，有助于畅通经络，运行气血，贯彻"通则不痛，不痛则通"的治病原则。其二，放松胸腹，有利于形成深长细匀的腹式呼吸。其三，"行不正，则气不顺；气不顺，则意不宁；意不宁，则神散乱"，中正安舒的身形有助于调和呼吸、集中思想，可以减少信息对大脑的刺激，降低大脑皮层的兴奋性，使思想放松、精神集中。

（二）柔和缓慢、连贯圆活

（1）特点含义。练习时，动作要摒弃直摆、断续、刚硬、快速的形式，要以柔缓圆匀为主，使练习处于典雅优美、轻松潇洒、圆润绵延的状态。如太极拳要求"势要圆，无使有凹凸""动如猫行"，六字诀要求"舒缓圆活"，八段锦要求"圆活连贯"，十二法要求"功走圆道"等。

（2）主要作用。其一，契合有氧运动特点，有助于降低血脂，防治高血压、冠心病等现代文明病，改善亚健康状态。其二，有助于敛神和腹式呼吸，通过"柔缓圆匀"的动作，为"悠、匀、细、缓"的腹式呼吸服务。其三，有助于畅通经络、运行气血。古人认为"流水不腐，户枢不蠹"[1]，又认为"人体欲得劳动，但不当使极尔；动摇则谷气得消，血脉流通，病不得生，如户枢终不朽也"[2]。该特点体现了"适度养生"的观点。其四，有助于在实践中体验阴阳平衡的中和之道，进而建立阴阳平衡的思维方式，提高认识阴阳、顺应阴阳、把握阴阳、调控阴阳的能力，进而为提升生活智慧服务。

---

[1] 吕氏春秋译注[M]. 张双棣，张万彬，殷国光，等，注译. 长春：吉林文史出版社，1987：23.

[2] 陈寿. 三国志[M]. 陈乃乾，校点. 北京：中华书局，1964：804.

（三）松紧动静、抻筋拔骨

（1）特点含义。练习过程中的松柔包含适当的静力牵拉和瞬间用劲发力。其中，要求"松"和"动"贯穿始末，是绝对的；"紧"和"静"是局部、相对和短暂的。如"易筋经""马王堆导引术"要求"抻筋拔骨"，"八段锦"要求"动静相间"等。

（2）主要作用。其一，"紧"和"静"可以加大局部刺激的强度和量，增加对相关经络、穴位的牵拉刺激，有利于畅通经络、循环气血、调理脏腑。其二，抻筋拔骨可使肌肉得到牵拉，改善血液循环，消除局部紧张和粘连，起到预防损伤、保健康复的疗效。其三，抻筋拔骨的大幅度伸展又可加大刺激有关穴位的强度，进而有效启动内气、畅通经络、改善内脏功能。

（四）强调旋拧、尤重躬身

（1）特点含义。练习时，不仅要注重腕、踝、颈、腰在水平轴上的环转，而且要加强躯干的俯仰、折叠、屈伸，甚至在旋拧状态下的折叠牵拉。如"易筋经"的"九鬼拔马刀"，"导引养生功·十二法"中的"犀牛望月""躬身掸靴"，"五禽戏"的"鹿抵"等，均要求在大幅度旋转腰椎、胸椎、颈椎的同时，使腰腹折叠俯仰，进而有助于拉长脊柱。

（2）主要作用。其一，在大幅度旋转的基础上进行牵拉，有助于松解粘连、改善气血循环、整脊塑形、康复关节。其二，有助于刺激脊柱、畅通督脉、强壮腰腹，调补肾气、固肾壮腰，促进肾脏"藏精、主骨、生髓、出伎巧"的功能，达到增智聪慧、延年益寿之目的。其三，有助于锻炼腰椎、骨盆、髋关节等关键部位，改善它们周围的肌肉、肌腱及韧带功能，增强人体"核心"的功能。其四，腕、踝的环绕、旋拧，对十二正经的原穴都有较好的刺激作用，正如《黄帝内经》所言："五脏有疾，当取十二原。"[1]

（五）熊经鸟伸、重在反序

（1）特点含义。练习时，强调模仿动物进行大幅度的伸展和抻拉练习，尤其

---

[1] 马蒔. 黄帝内经灵枢注证发微［M］田代华，主校. 北京：人民卫生出版社，1994：9.

是与平时习惯相反的动作,包括肛门的舒缩。如易筋经中的"卧虎扑食势",五禽戏中的"虎扑""鸟伸",八段锦的"两手托天理三焦",体育养生功前热身的"猛虎出洞"等。

(2)主要作用。其一,梳理脊柱。上下左右抻拉躯干,可以牵拉到脊柱小关节,并使之侧突、棘突附近的小肌肉、韧带得到相应的调节,还可以增加各有关关节间隙,促进关节骺软骨血液循环,进而达到促进生长发育、塑形美体之功效。其二,有效弥补薄弱环节。反序练习可以使平时不易活动到的部位、肌肉得到锻炼,从而改善其血液循环,使之强壮,也可使僵硬的肌肉得以松活,进而达到预防身体畸形、防止意外损伤、辅助康复的健身效果。其三,放松精神。根据生理学"一侧肌肉的兴奋,必然引起对侧肌肉的抑制"的理论,反序练习可使支配人体不同器官、部位的神经区域得到交替休息,起到主动性休息、放松精神的作用。其四,可有效预防便秘、脱肛、痔疮等疾患。反序练习要求体位发生改变,且练习中加强肛门的舒缩练习,因而能促进静脉回流。

(六)行在缠绕、动在梢节

行在缠绕、动在梢节

(1)特点含义。练习时,强调手臂的内外旋转和屈伸,以及通过抓、跷、盘、旋、蹬、捻来加大对腕、踝、掌、指等末梢关节的刺激。如"乾元启运"的两臂内外旋,"青龙探爪"的手形,"攒拳怒目争气力"的抓握、缠腕,五禽戏的各种手形,导引养生功十二法的盘根旋踝、踝关节的抓跷等。

(2)主要作用。其一,畅通手三阴经、手三阳经,防治心肺疾病。这是因为旋臂可加强对手臂的扭力,进而有效刺激手三阴经、手三阳经,启动内气,使之畅通。其二,活动肘、膝以下部位可对十二正经井、荥、输、经、合"五俞穴"进行有效刺激,进而畅通经络、保健全身脏腑。其三,健脑增慧。加强小关节尤其是手指和脚趾的活动,可促进脑细胞活动的增多,有利于建立更多的突触联系,使突触前后膜增厚,接触广泛,进而改善智力。其四,活血降压。加强指趾等部位小关节的运动,有利于毛细血管的开放,改善血液循环,进而降低血压。

(七)强调虚实、更重蹲起

(1)特点含义。练习时,强调重心的位置明确清晰、虚实分明,如开收步和进退步时,重心基本落于支撑腿上,而摆动腿不能着力蹬地。同时,练习时也强调

第一节 调身理论与方法

大幅度蹲起和独立步,如各种开收步和八段锦的"马步站桩",易筋经的"三盘落地式",五禽戏的"虎扑""鸟飞"等。

(2)主要作用。其一,补钙降糖。在虚实分明的基础上进行柔缓的练习,加上大幅度的蹲起,可有效增加支撑腿的负荷,有效地锻炼腿部力量,使腿部肌肉增加,进而提高肌肉对钙的吸收和储存能力,预防骨质疏松。肌肉的强壮还有助于提升胰岛素敏感性,进而达到降低胰岛素抵抗、有效调控血糖之功效。其二,延缓衰老。俗话说"人老腿先老""足为肾之根",该特点重在腿部锻炼,可有效调补肾气、改善平衡、预防跌倒,进而获得延缓衰老、延年益寿之健身效果。

(八)强调中和、简单易行

(1)特点含义。"中和"突出调身功法的中庸、中和之道,遵循阴阳平衡的准则,练习方法、强度、量、形式和目的等都体现出对称平衡的特点。例如,动静、虚实、进退、升降、开合、松紧、刚柔和圆活等,都在寻求动态平衡。"简单易行"是指功法的方法、手段、要求均体现出至简至易的特点,实现好学、好练、好玩、有效的目的。如"八段锦""孙思邈养生十六宜""小劳术"等都充分体现了这个特点。

(2)主要作用。其一,协调阴阳。中医认为,"阴阳者,天地之道也,万物之纲纪,变化之父母,生杀之本始,神明之府也""阴平阳秘,精神乃治"[1],因此,练功中注重协调身心、内外之中和。简便易行的调身练习,有助于习练者协调阴阳、促进气血周流、预防脏腑疾病、延年益寿。其二,调摄心态。实践阴阳中和的准则,有助于习练者建立阴阳平衡的理念,进而提高辨别阴阳、认识阴阳、把握阴阳、调控阴阳,特别是顺应阴阳的能力,有助于提升习练者在生活、学习和工作中自觉应用阴阳学说的能力;帮助自己建立科学生活方式、改善社会心理、促进身心健康。其三,防伤易练。追求中和之道,可以避免练习强度和练习量过大、动作过于剧烈给人带来的运动损伤和心脑血管意外,以及练习过难、太复杂给人带来的畏难情绪。因此,简便易学有助于培养终身锻炼的运动习惯。

---

[1] 南京中医药大学. 黄帝内经素问译释[M]. 4版. 上海:上海科学技术出版社, 2009: 45, 32.

第二节 调息理论与方法

一、调息的概念

调息的概念、对象、内容

调息,又称吐纳、练气、调气、服气、食气等,是指通过身体姿势或动作的配合,主动自觉地调整和控制呼吸方式、节奏、频率和深度,使之逐渐达到悠、匀、细、缓的腹式呼吸程度,进而符合所练功法之目的和要求。调息是自我能动的调摄过程,其目的是使呼吸调柔入细,引短入长,达到自然流畅的程度,进而为健身祛病、延年益寿功法之目的服务。它是"三调"练习中的重要组成部分,也是调心(调神)、调身(调形)的纽带、桥梁、动力。

二、调息的对象及内容

简单地说,调息就是对习练者呼吸的调整,而人体的呼吸可分为外呼吸和内呼吸。所谓外呼吸是指在肺内进行的外界空气与血液的气体交换,也称肺呼吸;所谓内呼吸是血液与组织细胞间的气体交换,也称组织呼吸。功法中的调息是指调整肺呼吸,也就是外呼吸。

(一)调节呼吸肌力量

肺呼吸的形成决定于呼吸肌的工作能力。吸气是由人体胸腔负压决定的,呼气则是由呼吸肌和肺泡壁弹性纤维网的弹性决定的。具体来说,吸气意味着胸腔扩张引起的肺扩张,外界气压大于肺内气压,从而吸入空气,肺体积变大;呼气指的是胸腔缩小引起的肺回缩,外界气压小于肺内压,呼出空气,肺体积变小。呼吸的交替由呼吸肌的收缩完成。

1. 吸气肌

(1)膈肌。膈肌是位于胸腔与腹腔之间的肌肉-纤维结构。膈肌有三个起点:胸骨部的起点位于剑突后面;肋骨部的起点位于第6肋的内面;腰部的起点位于第2、3腰椎的前面和第1腰椎的横突。吸气时,膈肌收缩,膈顶下降,使胸廓扩大;呼气时,膈肌舒张,膈顶上升,使胸廓缩小。

（2）肋间外肌。肋间外肌起自上肋下缘，止于下肋上缘，可以提肋助吸气。吸气时，肋间外肌收缩，肋骨向上向外运动，使胸廓扩张；呼气时，肋间外肌舒张，肋骨向下向内运动，体积减小，使胸廓缩小。

（3）辅助呼吸肌。用力吸气时，背部肌群、胸锁乳突肌等胸部肌群发生收缩，使胸廓扩张。

2. 呼气肌

（1）肋间内肌。肋间内肌起自下肋上缘，止于上肋下缘，可以降肋助深呼气。用力呼气时，肋间内肌发生收缩，使胸廓收缩，胸腔负压下降，形成呼气。

（2）腹壁肌。腹壁肌包括腹外斜肌、腹内斜肌、腹直肌和腹横肌。腹壁肌收缩，使胸廓收缩，胸腔负压下降，形成呼气。

平静呼吸时，吸气为主动呼吸，由膈肌和肋间外肌收缩引发；呼气为被动呼吸，由膈肌和肋间外肌的舒张引发。一定强度的运动下，吸气和呼气均为主动呼吸。

呼吸肌力量的改善，有助于提高呼吸功能，预防和康复呼吸系统疾病，增强人体免疫力，同时有助于改善肝、脾、胃的血液循环。

（二）调节呼吸频率

呼吸频率指的是每分钟呼吸的次数，即每分钟吸气次数和呼气次数相加的次数。呼吸频率正常值是12~20次/分，练功中一般会将呼吸频率减少到4~8次/分，甚至达到1次/分。降低呼吸频率可有效改善习练者呼吸功能，调节其自主神经，改善其健康水平。但不能认为呼吸频率越低越好，应该根据功法要求和个人实际情况来调节呼吸频率，重要的是要顺其自然。

（三）调节呼吸节奏

呼吸节奏指的是每次呼吸过程中吸气和呼气的时长比例、呼吸之间的停闭方式和呼吸过程的次数安排。

按比例分，呼吸节奏有吸短呼长、吸长呼短、吸呼相等三类。

按停闭方式分，呼吸节奏主要有两类：第一种为吸气—停闭—呼气，也称"软呼吸"，该法有助于增强交感神经兴奋性，具有抑制肠胃蠕动、增高血压的功效，临床多用于胃肠功能亢进、溃疡病、功能性腹泻、低血压等患者；第二种为吸气—

呼气—停闭，也称"硬呼吸"，该法有助于副交感神经兴奋，具有使肠胃蠕动增强、降低血压的作用，临床多用于肠胃下垂、消化不良、便秘及高血压等患者。此外，还有吸气—停闭—吸气—呼气，呼气—停闭—呼气—吸气等多种节奏，不可穷尽，练习时要在专业教师指导下进行。

按次数安排分，呼吸节奏有吸气—吸气—呼气、吸气—呼气—呼气等多种节奏。

呼吸节奏是复杂而无穷的，采取什么样的节奏应该根据功法要求和个人实际情况，在专业人士指导下进行，重要的是要遵循自然流畅的原则。

三、调息的类型

调息的类型

（一）自然呼吸法

（1）含义。自然呼吸法也叫混合式呼吸，指的是功法练习过程中，胸腹各部微微起伏的呼吸方式，即常人平时所习惯的顺其自然的呼吸方法。这种呼吸方法一般适用于初学者或学练新功法时，以及功前准备、功后整理和动作比较复杂的功法与某些桩功。

（2）方法。该呼吸采用鼻吸鼻呼或鼻吸口呼，不着力改变呼吸节奏和频率。随着功夫的提高，应使呼吸与动作和意念逐渐结合，最终达到呼吸、动作、意念三者融为一体的境界。

（3）要求。勿忘勿助，纯应自然，思想平静，姿势中正安舒，动作自然。

（二）胸式呼吸法

（1）含义。胸式呼吸法指的是，在功法练习过程中，以肋间肌活动引起胸部起伏为主的呼吸方式，即吸气主要由提肋的吸气肌收缩完成，呼气主要由降肋的呼气肌收缩完成。这种呼吸方式一般出现在初学者或某些要求固定上肢的动作练习中，如八段锦"摇头摆尾去心火"中两臂撑按两腿、旋腰顶髋的动作，五禽戏"鹿奔"中后坐形成两张弓的动作。

（2）方法。该呼吸一般采用鼻吸鼻呼或鼻吸口呼。初学者要在平时习惯的自然呼吸的基础上，随着练功程度的逐渐深入，结合意念稍用力，将这种呼吸引导到相对悠、匀、细、缓的稳定出入状态，使胸腔膻中穴附近有充盈感，且胸腔有舒适感。这样一来,可以逐步达到腹式呼吸的调息程度,促进意、气、形三者的合一。

(3)要求。循序渐进,勿忘勿助,深度、频率等适度,顺其自然,不可憋气。

(三)腹式呼吸法

(1)含义。腹式呼吸法指的是,在功法练习过程中,以膈肌上下活动、腹部起伏为主的呼吸方式。根据其凸起和凹陷的顺序,腹式呼吸又分为顺腹式呼吸和逆腹式呼吸。顺腹式呼吸在生理上称为等容呼吸,即吸气时,腹肌放松,横膈肌下降,腹部凸起;呼气时,腹肌收缩,腹部凹陷,横膈肌随之上升。逆腹式呼吸也称变容呼吸,其呼吸方式正好与顺腹式呼吸相反,即吸气时,腹肌收缩,横膈肌上升,腹部凹陷;呼气时,腹肌放松,腹部凸起,横膈肌随之下降。腹式呼吸在各种功法中应用最为普遍,一般来说,各种功法都会要求采用腹式呼吸,而具体采取的是顺腹式呼吸,还是逆腹式呼吸,情况比较复杂,取决于个人习惯和功法要求。但一般来说,在传统体育养生功法中,采用逆腹式呼吸的方式比较多。

(2)方法。顺腹式呼吸,吸气时,在意念的作用下,稍加用力,使腹肌放松,腹部自然隆起;呼气时,在意念的作用下,稍加用力,使腹肌收缩,使腹部自然回缩。逆腹式呼吸,则与顺腹式呼吸正好相反。当呼吸调整到悠、匀、细、缓的程度后,无论腹部凸起还是凹陷时,都要将力点引到小腹一个相对集中的中心点上,使之成为一个相对集中的支点,进而形成有效的腹式呼吸。

(3)要求。循序渐进,用意用力纯应自然;着重吐纳,不要故意鼓收腹部;把呼吸调节的重点放在呼气上,呼吸深度、频率、节奏按照功法要求优化,不可追求过深、过长。

(四)发声呼吸法

(1)含义。发声呼吸法指的是,在调息过程中,结合吸气或呼气发出声音的方式,对不同脏腑经络,产生不同的刺激效果。一般来说,配合呼气发音的功法和动作属泻实,在中医中称为"泻其有余",如易筋经中"三盘落地式",下蹲时需要发"嗨"音,以泻脾胃之火;六字诀则是针对"肝、心、脾、肺、肾、三焦"等脏腑,分别采用"嘘、呵、呼、呬、吹、嘻"等吐字发音,以达对症调理脏腑之目的。配合吸气发音的功法和动作属补虚,这在传统体育养生功法中很少见到。

(2)方法。发音呼吸法通常采用鼻吸口呼的方式,在呼气时可以按照不同发音的要求，将口唇撮圆、放扁、后拉等，同时配合牙齿的相对位置（张开、咬合），再加上舌头形状和舌尖位置的配合，使气流从舌头的不同部位，以不同的速度和流量发出，从而产生不同的声音，同时对有关脏腑、经络产生相应的刺激。如六字诀中的"嘘字诀"是将唇齿微张开，舌头放平，上槽牙和下槽牙之间留有空隙，吐气时，气息从舌边慢慢吐出体外。

（3）要求。循序渐进，自然和缓，吐字要轻，保证练习时"耳不闻声"。

（五）提肛呼吸法

（1）含义。提肛呼吸法指的是，在调息过程中，吸气时有意识地使会阴部肌肉收缩，而呼气时使之放松的呼吸方式。这种方式在逆腹式呼吸中较为普遍，在治疗中气下陷、内脏下垂、脱肛、痔疮等疾病的功法中也经常用到。

（2）方法。采用逆腹式呼吸时，随吸气，微微收腹提肛，随呼气，可松腹松肛；采用顺腹式呼吸时，则可在吸气结束时的停闭阶段，微微提肛，而在呼气时松肛。

（3）要求为顺其自然，用力适度，不可勉强提肛，不可强吸硬呼，造成憋气。

此外，还有胎息法、踵息法等各种调息法。总之，调息的形式方法很多，要根据功法要求、练习目的和个人情况来选择呼吸形式。

四、调息的作用

（一）按摩内脏

深长的腹式呼吸可使膈肌运动幅度加大，有助于按摩内脏器官。腹式呼吸是以膈肌上下运动为主的呼吸，而深长的腹式呼吸可使膈肌运动幅度加大。从生理的角度来看，正常人在自然呼吸时，其膈肌活动幅度只有2~3厘米，而如果采用深长的腹式呼吸，其膈肌移动幅度就会明显增大。练功一段时间后，其膈肌活动范围可增加到6~10厘米，甚至达12厘米。从解剖学理论分析，腹腔内藏着除心、肺之外的全部脏器，同时包括消化系统、泌尿系统、内分泌系统、淋巴系统的一部分，并拥有大量的血管和神经。人类因为直立行走，以胸式呼吸为主，腹式呼吸退化，

调息的作用

这样，腹部运动就减弱了，容易造成废物堆积、血流滞缓，从而引起各种疾病。而深长的腹式呼吸，有助于加强对腹部各脏器的按摩，从而有助于消除肝脏淤血，促进肝脾胃及各有关系统、器官的血液循环，改善肠胃蠕动，帮助消化吸收，加速毒素的排出，提高脏腑机能的效果。

（二）节省能量

深长的腹式呼吸可使膈肌运动幅度加大，使其得到较多的锻炼，力量得到加强，使呼吸变得深长，呼吸次数减少，从而达到机能节省化的目的。这是因为，呼吸系统从机能上可分为两大类：其一是由鼻、气管、支气管、细支气管组成的管道系统（平均约150毫升），它不参与气体交换，只是一套供气体通过的管道系统，被称为呼吸的无效腔。其二是肺，它有左右两叶，由约7.6亿个肺泡组成，是氧气和二氧化碳交换的场所。每次呼吸时，无效腔里都要充满空气，运送气体的出入需要做功，消耗一定的能量，这样，如果提高呼吸功能，减少呼吸次数，消耗在运送无效腔中气体的能量就可以减少，进而有效实现机能节省化。

例如：假设甲、乙的呼吸无效腔容量都是150毫升，甲用深长的腹式呼吸，其呼吸频率为10次/分、潮气量为800毫升/次；乙用自然呼吸，其呼吸频率20次/分，潮气量为400毫升/次。

甲、乙每分钟各自的呼吸量均是8 000毫升，但实际到达肺泡的空气量却有很大差别。对甲来说，每次呼吸真正到达肺泡的空气量为（800－150）毫升＝650毫升，每分钟的实际换气量是650毫升/次×10次＝6 500毫升。对乙来说，每次呼吸真正到达肺泡的空气量为（400－150）毫升＝250毫升，每分钟的实际换气量是250毫升/次×20次＝5 000毫升。不难看出，甲在一分钟内比乙多吸入肺的空气为（6 500－5 000）毫升＝1 500毫升。一天下来，就实际交换的气体体积而言，差别很大。由此看来，练功者呼吸频率下降，但实际换气量反而增加，这能有效节省能量。

有氧运动和各种体育运动，也可以有效提高习练者的呼吸功能，使之平时的呼吸频率下降，从而达到节省能量的目的。但是，这些运动和传统体育养生的练习效果是有区别的，因为传统体育养生练习是通过减少呼吸次数的练习来达到降低呼吸频率的目的的。相对而言，传统体育养生练习可以更有效地节省能量。

（三）促进回流

深长的腹式呼吸可以使肺叶下部气体的比例减小，同时，由于呼吸深度加大，腹式呼吸有利于大静脉和心房的扩张，从而加强静脉回流，促进血液循环，起到健身的效果。

（四）缓解症状

动物实验和临床经验表明，呼气中枢兴奋性增强时，可扩散到副交感神经，而副交感神经兴奋增强时，又能使远端小动脉舒张，解除其痉挛，从而使血液微循环阻力减小，心率减慢，血压下降。在传统体育养生功法练习中强调悠、匀、细、缓的腹式呼吸，并且要求加长柔缓呼气，可有效调节自主神经功能，达到舒缓心脏、促进毛细血管开放、降低血压的功效，从而有效地改善心血管系统功能。

（五）强肺抗衰

研究表明，正常人膈肌每下降1厘米，其肺活量将增加近300毫升。而深长的腹式呼吸可以使习练者膈肌下降的范围较正常人多4~8厘米，肺活量增加1 200毫升以上。这些增加的空气会完全进入肺泡，并进行气体交换。这样一来，一方面可以有效改善呼吸肌的工作能力，增强呼吸功能；另一方面，也可增大肺泡的气体交换比例，改善局部血液循环，提高肺泡壁周围弹性纤维网的弹性和膈肌力量，可有效延缓肺泡的衰退，对预防老年性呼吸系统疾病（尤其是慢性阻塞性肺疾病）具有重要作用。

（六）保健脏腑

生活实践和研究表明，呼气时发出不同的声音可以有效缓解疲劳，改善脏腑机能。我国南北朝时期，人们会利用六字诀来调理脏腑，即通过呼气时发出"嘘、呵、呼、呬、吹、嘻"等声音，有针对性地调理"肝、心、脾、肺、肾、三焦"等脏腑的功能。各脏腑内部运动和经络的运行，受体内外不同作用力的影响，呼气时采用不同的口型，可使唇、舌、喉部产生不同的形状变化，引起胸腹内压力的变化，使相关脏腑受到不同程度的压力和刺激，相关的经络产生共振，从而达到畅通气血、保健养生的效果。

五、调息的方法与注意事项

（一）调息的方法

调息的方法与注意事项

常用的调息的方法是动息结合。动息结合是指在动作或姿势正确熟练以后，要将形体动作和呼吸结合起来练习，并强调身体动作为呼吸服务。具体配合原则是：

（1）起吸落呼。起身或上摆（举、提）过程配合吸气，下蹲或下按（落、拉）过程配合呼气。

（2）开吸合呼。即上肢向外打开或分开过程配合吸气，而向内收拢或合拢过程配合呼气。

（3）松吸紧呼。即放松的过程配合吸气，发力或用力的过程配合呼气。

（4）先呼后吸。即一般来说，吸气在先，呼气在后，但有些动作也需要先微微呼气后接吸气。

（5）吸提呼松。即吸气过程配合肛门上提、舌顶上腭，呼气过程配合肛门放松、舌尖下落。

（6）注重鼻吸。一般来说，呼吸练习最好采用鼻吸，这样较易控制呼吸深度，而且卫生，不易引起肺部感染，呼气时可根据实际情况采用鼻或口呼。

（二）注意事项

顺逆呼吸不可强求，频率节奏应顺其自然，因需择息，即根据练习目的选择呼吸方法，以达练功之目的。

（1）初学、体质羸弱、心肺疾患和心功能不全者，可选择自然呼吸法，以避免给心肺增加负担，发生意外。

（2）体质较好，又有一定的练功基础者，可选择逆腹式呼吸法，以便较好地调节神经系统，较大限度地吸收氧气，排出二氧化碳，增进健康水平，这尤其适合在空气较好的户外练习。

（3）肠胃疾病、高血压和肺部疾病的患者，可选择深长的腹式呼吸，并加长呼气时间，以提高迷走神经兴奋性，改善心肺功能。

（4）呼气—停闭—吸气的呼吸方法可以有效增强交感神经兴奋性，适合低血压和消化机能亢进者习练；吸气—停闭—呼气的呼吸方法则正好相反。

（5）轻吸重呼。轻吸重呼是指吸气要轻、要匀缓，深长的腹式呼吸可以加强肺泡壁周围弹性纤维网的弹性和膈肌力量，有助于改善肺气肿的症状。这是因为，肺脏本身是不会吸气的，机体借助呼吸肌的收缩使胸腔容积增大，胸内压降低，从而使大气压将空气通过呼吸道压入肺内形成吸气。而呼气过程是由肺本身完成的，这是由于肺泡周围除有一层血管网之外，还有一层纵横交错的弹性纤维网，它就像一条条橡皮筋一样，吸气时，随肺泡的膨胀而被拉长、拉紧，这时如果肺气肿患者的吸气过重、过猛，就会使已经失去弹性的弹性纤维网的负担过重，甚至使其断裂，使病情加重。因此，肺气肿患者锻炼时应采取轻吸气的方法。此外，当呼吸肌放松而不再被拉长、拉紧之后，这层纵横交错的弹性纤维网就随之缩短，压迫肺泡，使肺泡内空气被挤压出来，从而形成呼气。而采取重呼气的方式较易将肺泡内的浊气排出，且有助于加强肺泡壁周围弹性纤维网的弹性和膈肌力量，这样能防止受伤，改善呼吸功能，以达增进健康之目的。

第三节　调心理论与方法

一、调心的概念

调心是指在调身与调息协调配合的情况下，对自我意识、思维、情感等活动进行主动自觉的调整和控制，并使之逐渐达到练功要求、获得练功效果的过程。

调心的概念、对象、内容

具体而言，调心需要调身、调息的配合，正如古人常说"形不正，则气不顺；气不顺，则意不宁；意不宁，则神散乱"，要求用中正安舒的形体，合理正确、协调柔和、舒展放松的肢体运动，以及在悠、匀、细、缓的腹式呼吸配合下，达到调心之目的。调心的基本要求是排除杂念、思想集中、精神恬愉。这就是说，调心强调自我调摄，不靠他人或神力，要求围绕功法目的，逐渐接近或达到功法状态，戒除急功近利、急于求成等心理。

调心也称调神。在历史上，调心的名称与形式多种多样，如意守、存想、入静等；其练习目的也各有不同，但方法和要求却基本相同，只是在某些方面的侧重点或提法有所不同。在传统体育养生功法"三调"中，调心是主导与核心，正如《黄帝内经》所言："故主明则下安，以此养生则寿，殁世不殆，以为天下则大昌。"[1]因此调心需要提高认识、细心甄别、合理运用。

二、调心的对象及内容

（1）调节中枢神经。调节中枢神经就是对习练者高级神经中枢的兴奋和抑制活动进行调节，使其兴奋和抑制过程协调有序。

（2）调节思想情绪。调节思想情绪就是对习练者心态进行调节，使之思想平静、精神愉悦、豁达乐观。

（3）调节行为规范。调节行为规范就是调节习练者的行动准则，使其做到遵纪守法、行为规范、乐于助人、品德高尚。

（4）调节经络气血。调节经络气血就是调节经络中气血的运行，达到气血充盛、畅通无阻的效果。

三、调心的类型和方法

人有"七情六欲"，情绪非常复杂，影响"心"的因素既有内因，又有外因；既有身体因素、心理因素，又有社会因素，还有自然因素；而且各种功法本身的要求不同，这就形成了丰富多彩的传统体育养生调心的方法。但从总体上来说，"调心"的方法可归纳为三大类：

调心的类型和方法

（一）意守类

（1）含义。意，即意念；守，即相守不离；意守，是指练功中将意念集中于某一现实事物，使之自然地安放在一处，借以排除胡思乱想的杂念，逐渐达到"以一念代万念"的目的。其核心是摄心归一、专其一处。

（2）方法。调心意守类的方法包括内守与外守。内守，可以在练功中意守身体的某个穴位，如气海、命门、足三里等，如导引养生功十二法的"犀牛望月"，

---

[1] 南京中医药大学. 黄帝内经素问译释［M］. 4版. 上海：上海科学技术出版社，2009：90.

要求在动作和呼吸熟练且协调配合的基础上,将意念集中于命门;也可以在练功中意守身体的某个部位,如腋下、胸部、腹部、囟门等,如易筋经"韦陀献杵"第三势,就要求意想囟门;还可以意守练习中的呼吸活动、气感动态等,如在降压练习中意守加长腹式呼气。外守,要求在练功中将意念集中于海洋、天空、大地、森林、松树等身外之物,或其他某个美好景物,如在练习五禽戏"鹿奔"时,可意守小鹿奔跑在美丽草原或金色田园上的景象;在练习导引养生功十二法"凤凰来仪"时,可意守凤凰翩翩起舞、仪态优美之景。

(3)要求。明确所要意守的事物,做到准确清晰;强调意守是将意识从头脑中移出,并安放于意守的对象,从而达到"一念代万念"的目的;意识的移除和安放意守的事物要顺应自然,不可勉强为之,要遵循"勿忘勿助""似守非守,绵绵若存"的原则,符合古人将心神"轻轻地放在那里"的原则。

(二)存想类

(1)含义。存想也称观想,是指在调身、调息有机协调及基本安静的状态下,把注意力集中或存放在已设定好的"目标"上,这个目标是一套既定的"程序",通过运用这种有序化意念思维活动,来不断排除杂乱无章、胡思乱想的"杂念",以达到练功要求和目的。存想的目的和意守相同,在于排除杂念和诱导感受,其核心也是通过"一念排万念"的操作,达到摄心归一、归其一处之目的。

(2)方法。存想要求将意识安放在意守对象上,但这种对象只是通过想象获得的,这需要想象加安放,而意守则仅仅是安放。存想的具体操作是,习练者将自己的意识安放在自己所熟悉的情景、事物,或者所崇敬的偶像上,也可以是日常生活中根本不存在的事物,如神话传说中的人物、景物等,以及各种可以想象的事物。导引养生功十二法的口诀"夜阑人静万虑抛……身轻如燕飘云霄",以及易筋经"倒拽九牛尾""九鬼拔马刀"等练习,皆是存想方法的体现,以此来引导练功者进入境界。

(3)要求。存想的对象要具有良性正诱导特征,进而为实现功法目的服务。存想对象的设计和选择要能够充分地考虑到诱导特定感受,使之更具有针对性,要有助于提高练功效果。存想的意念强度同样要顺应自然,不可勉强为之,也需要遵循"似守非守,绵绵若存""勿忘勿助"的原则。

（三）入静类

（1）含义。入静是指通过意守练习，达到逐渐消除一切思维活动的心理过程，即老子所说的"恬淡虚无"、佛家主张的"如如不动""寂而常照"之境界。

（2）方法。初学者从意守开始，在安定情绪的前提下，通过"一念排万念"的调整，形成单一的意象境界，并逐渐使之稳定，进而忘却这唯一的意象，达到入静状态。这是一个思维活动逐渐减弱，并不断接近终止的过程。

（3）要求。首先要平静情绪，营造入静之境界，其次要排除一切意象和意识活动所引起的直接或潜在的心理、生理影响，也就是要摒除刻意操作，一切顺应自然。

四、调心的作用

（一）保护大脑

调心有助于使大脑皮层放松，避免大脑受损。兴奋和抑制活动乃是高级神经的基本过程，一切反射，包括高级思维活动，都有赖于神经细胞的兴奋过程。由于兴奋伴随着生化成分的转化消耗，因此，当兴奋持续过长或过强时，可能导致高级神经中枢出现机能障碍。

调心的作用

根据高级神经活动规律，兴奋过程必须在抑制过程的密切配合下，才能行使其正常的生理功能。入静状态下的内抑制和其他生理现象一样，有助于大脑皮层放松，形成精确反射，对大脑细胞生化成分及生理机能也具有保护、调节和恢复的作用。

（二）节能增智

调心有助于改善脑细胞合成能力，改善智力。意守入静后脑电波趋于同步化，脑细胞电活动达到有序化，高级神经的功能活动得到增强，神经调节作用进一步改善，整个机体处于一个新的动态平衡状态。这样会促使基础代谢降低，单位氧耗量下降。通常情况下，人体熟睡时单位氧耗量较清醒时降低10%，而入静时单位耗氧量则低于熟睡的水平。入静时大脑细胞的物质成分又具有补充、恢复的作用，可使熵增率减小，血浆中皮质激素、生长激素含量下降，中枢神经介质5-羟色胺水平提高等，进而有助于节能。

高级神经学说理论认为，脑电图快波占优势时，具有较高的代谢率；慢波占优势时，具有较低的耗氧量。另外，当大脑皮层某一部位紧张或兴奋时，这部分脑细胞分解过程就加强；而当其放松或抑制时，这一部分脑细胞的合成过程就加强。当意守入静时，意守的这一部位或一点在大脑皮层的代表点就兴奋，脑电波快波就占优势，而其他大部分将产生抑制，从而降低耗氧量、提高脑细胞合成能力，这样可以提高练习者大脑皮层神经细胞功能，改善练习者的神经分化和抑制能力，从而起到节省能量、改善智力的功效。

（三）预防疾病

调心有助于预防和辅助康复脏腑疾病。现代医学研究表明，50%~80%的疾病与精神紧张和心理异常密切相关，如消化性溃疡、溃疡性结肠炎、支气管哮喘、冠心病发作、高血压、甲状腺亢进、癌症等。这是因为自主神经系统主要支配内脏、血管和腺体，在维持人体的随意性和非随意性活动中起着重要作用。而精神紧张、心理异常容易导致自主神经紊乱，发生病变。

在练功中，意识的运用，使练功者逐渐消除杂念，进而使大脑皮层进入抑制状态，降低交感神经兴奋性，改善皮质下自主神经功能，使得内分泌功能正常。与此同时，入静可使人情绪平静、烦恼得以忘却、心情舒畅，更好地适应环境，有助于有效预防内脏和心理疾病。

（四）畅通经络

调心有助于疏通经络、运行气血，具有调理脏腑之功效。中医认为，经络内联脏腑、外络肢节，是气血运行的通道。脏腑正常时，气血在经络中的运行是畅通无阻的。如果因某种原因，气血在某条经络上阻滞不通，就会引起相应脏腑产生疾病。反之，如果某个脏腑产生疾病，也会导致其所属经络气血不通。所谓"不通则痛，痛则不通"，说的就是这个道理。

当练功意守入静时，把思想集中在身体某个部位或某个穴位时，会使其局部产生温热、胀麻感，有助于加强局部气血循环，正如中医所讲，"血得热则行，经络遇热则通"。因此，通过意守身体某个部位或穴位，可以达到畅通经络、运行气血、保健脏腑的目的。如舒心平血功，要求结合动作，意守劳宫穴，这会使劳宫穴温热，手厥阴心包经畅通，从而使气血运行正常，进而有效防控心脏疾病。而八段锦

"左右弯弓似射雕"要求结合开弓动作，意守商阳穴，有助于畅通手阳明大肠经。同理，根据不同功法要求，结合动作意守神门穴、太渊穴、太冲穴、涌泉穴及足三里穴等穴位时，可有效畅通其所属经络。

（五）缓解疾病

调心有助于气血流通，具有缓解病痛之功效。中医认为"意到则气到，气到则血行，血行则病不生"，《诸病源候论·腹痛候》中也有"正偃卧，口鼻闭气。腹痛，以意推之，想气往至痛上，俱热即愈"[1]的记载。从这一原理出发，通过意守患处或穴位，可以使该处气血周流，缓解病症。古人常用"意守内关穴"来退心火和小肠湿热，借以改善胸闷、心悸等症状。此外，古人还通过意守涌泉穴来防止肝阳上亢、火气上逆所导致的眩晕、头痛等症状。南朝著名医家陶弘景曾有"凡行气欲除百病，随所在作念之，头痛念头，足痛念足，和气往攻之，从时至时，便自消矣"[2]的论述，也是缓解病痛的一种方法。用意念导气来通调经络、畅通气血、缓解病痛是可行且有效的。在经典养生功法十二段锦中，就有"尽此一口气，想火烧脐轮"的做法，以达温煦丹田、壮中补元之目的。

（六）引导动息

调心有助于帮助引导呼吸和动作。传统养生术强调意识领先，强调以意领形、以意导气、以意调息，即通过意识引导，使肢体中正安舒，动作自然、到位，气血流通、气感充盛，进而使呼吸加深、加长，并且匀柔和缓。譬如练习五禽戏时，在模仿动物上不仅要做到形似，还要做到神似，更要想象其生活和活动意境。如练虎戏时，动作上既要做到刚猛有力、舒展大方，如虎出山、如虎扑食，又要表现出虎之威猛，还要体现出山中之王舍我其谁的气势，进而获得良好的舒畅情绪、疏泄肝气、舒筋壮骨之功效。要学虎像虎、扮猴似猴，还要模仿这些动物的神态，想象这些动物生活的意境，才能练好。练习太极拳时也强调意识领先。事实上，传统体育养生功法均要求气沉丹田，这有助于使腹式呼吸加深、加长，使膈肌上下运动增

---

1 丁光迪. 诸病源候论校注（上）[M]. 北京：人民卫生出版社，1991：505.

2 道藏[M]. 北京：文物出版社，1988：481.

强，进而有效加强对肝、脾、胃的按摩，促进自主神经功能改善，提高消化吸收能力，达到壮中气、补元气之目的。

五、调心的注意事项

（1）放下冗务。在练功前要做好各种准备，包括放下手头各种杂事，摒除各种杂念，抛掉各种焦虑情绪，要轻松愉悦地进入"恬淡虚无"的练功状态。

（2）打好基础。进行调心练习，其前提是合理正确地掌握调身、调息的方法。初学者不仅要掌握中正安舒、正确连贯的调身动作，悠、匀、细、缓的调息方法，还要在动作和呼吸协调配合的基础上，再进行有效的调心练习，并且要遵守循序渐进的原则，不可急于求成。

（3）用意专一。调心练习要做到视而不见、听而不闻，强调"一念排万念"，不可三心二念，不可有杂念。《保生秘要》所谓"摄心归一，专其一处，皆可止念"，以及唐代诗人白居易诗云"身适忘四肢，心适忘是非，既适又忘适，不知吾是谁"，说的就是这个道理。

（4）火候适度。传统体育养生在调心方面主张"不可用心守，不可无意求，用心着相，无意落空，似守非守，绵绵若存"，这就是说，用意的强度不能太小，也不能太过，不要强求，要用意适度。因为，意念如水火，水可以载舟，也可以覆舟；火可以给人带来温暖，但又可造成玩火者自焚的后果。但是，如果不守心，则杂念常常较多，必然影响练功效果；意守太强虽然可以减少杂念，但易陷入头痛头胀、精神紧张等不适状态；死守，便容易出现偏差，甚至会导致意守的内容无法摆脱，产生"着相"。

（5）意随形变。为提高意守效果，防止意守太过，可采取意念随着动作和姿势改变的方法。如当动作向里合时，可意守丹田穴；当两掌置于面前时，可意守劳宫穴；当转颈时，可意守大椎穴；当转体或弯腰时，可意守命门穴等。这样一方面较容易使意念到位，达到事半功倍的效果；另一方面，可防止意守某一部位或穴位太久，避免造成"出偏着相"。正如心理学所理解的那样，意识是流动的，它不可能停在一处不变。因此，在调心方面，不可死守。

意随形变还要强调意不过胸，即意守的穴位位置不能过高，特别是在意守体前的穴位时，不要超过膻中穴，以免造成精神紧张、头昏头胀。

（6）因需用意。根据你想要畅通的经络，选择适当而有效的经验效穴来意守。如要使心血管健康，可意守劳宫穴、涌泉穴、太冲穴等穴位；而要使脾胃健康，则可意守足三里穴、关元穴、气海穴等穴位；要使呼吸系统健康，可意守大椎穴、商阳穴等穴位。

思考题

1. 简述传统体育养生调身的方法。
2. 简述传统体育养生调息的作用。
3. 简述传统体育养生调心的注意事项。
4. 如何理解传统体育养生中的"三调合一"原则？

第五章
传统体育养生功法功理

【章前导言】

本章主要介绍了太极拳、内养功、练功十八法、导引养生功、健身气功等传统体育养生功法的概念与特色、创编与流传、内容体系、发展现状等,要求学生掌握这些传统体育养生功法的概念、人物、流派、功法特点、功理体系等基本知识。

【学习目标】

1. 了解太极拳、内养功、练功十八法、导引养生功、健身气功等传统体育养生功法的概念与特色。

2. 掌握太极拳、内养功、练功十八法、导引养生功、健身气功等传统体育养生功法的内容体系。

3. 了解陈氏、杨氏、吴氏、武氏、孙氏五种太极拳的发展现状。

4. 认识与理解推广普及传统体育养生功法对全民健身、健康中国的积极意义。

第一节 太极拳

一、太极拳概述

（一）太极拳的概念

太极拳是以中华传统文化中的儒、释、道、武、医等思想为理论基础，以太极、阴阳哲理为健身和技击技术应用的指导思想发展起来的一种我国传统武术。

概括地说，太极拳是一种集健身、武术、修养三大功能于一体的拳术，它以太极修养为导引，以武术为载体，通过特殊的训练体系，对人体内外进行改造，从而使人体获得高效的健身技击方法，达到健身养生的效果，并在思想境界上有大幅度的提升。

太极拳概述

"太极"一词源出《周易·系辞上》："易有大极，是生两仪，两仪生四象，四象生八卦。八卦定吉凶，吉凶生大业。"[1] 这里"大极"即太极，"吉凶"即阴阳。所以太极拳吸取了我国古代传统的"太极"哲学理论和道家"阴阳"学说的思想。

太极拳吸取了内家拳的理论和方法。王宗岳《太极拳论》中这样表述："动急则急应，动缓则缓随。虽变化万端，而理唯一贯。"[2] 太极拳以静制动，以柔克刚，动作圆活，处处有带弧形，运动绵绵不断，前后贯穿。

传统太极拳流派众多，国家在认定流派时明确了"源流有序、拳理明确、风格独特、自成体系"的十六字方针，当前常见的太极拳流派有陈氏、杨氏、吴氏、武氏、孙氏、和氏等。各流派既有传承关系，相互借鉴，也有各自的特点，呈百花齐放之态。2006 年，太极拳被列入我国第一批国家级非物质文化遗产名录。2020 年，太极拳被列入联合国教科文组织人类非物质文化遗产代表作名录。

（二）太极拳的特色与功能

太极拳是中华民族的辩证理论思维与武术、书画、导引、中医等国粹的完美结

---

1 黄寿祺，张善文. 周易译注[M]. 上海：上海古籍出版社，2001：556.
2 王宗岳，等. 太极拳谱[M]. 沈寿，点校考释. 北京：人民体育出版社，1991：25.

合，它以我国传统儒、道哲学中的太极、阴阳辩证理念为核心思想，集颐养性情、强身健体、技击对抗等多种功能为一体，是高层次的人体文化。作为一种饱含东方包容理念的运动形式，其习练者针对意、气、形、神的锻炼，非常符合人体生理和心理的要求，对人类个体身心健康以及人类群体的和谐共处，有着极为重要的促进作用。

1. 太极拳主要理论特色

（1）"重智轻体"的思想理念。中华民族主体形成于黄河流域的炎黄部落，其孕育了中原文化。从历史上看，中原文化以黄河中下游地区为腹地，逐层向外辐射并产生影响。炎黄子孙以中原文化为主体的文明发展很迅速，形成了以中原文化为重要源头和组成部分的中华传统文化。

中原人民身体相对瘦小，不如北方民族强悍。中原文明程度较高，中华文化也自然而然沿着"智慧型"发展，主体是重智慧而轻体力。儒家文化的核心思想是"中庸之道"，道家文化的核心思想是"柔弱之道"，老子《道德经》所言"上善若水""柔弱胜刚强"，孔子提倡的"无过无不及""克己复礼"，孟子思想中的"劳心者治人，劳力者治于人"，以及孙子提出的"不战而屈人之兵""知己知彼，百战不殆"等，都体现出"以智取胜"和"以弱胜强"的思想观念。这种"重智轻体"的思想体系也表现在太极拳中。

（2）天人合一的整体观。《周易·系辞上》说："易有大极，是生两仪，两仪生四象，四象生八卦。"这里的"大极"即"太极"，指的是"元始"——天地混沌，阴阳未分，宇宙万物由此创始。这种状态就是"天人合一"的状态。"是生两仪"指后来混沌分开了，成为天与地，天地生出万物。人因天地而生，人和天地在统一的一个系统内，遵循自然发展的规律，人通过天地之道而知万物变化。

"天人合一"的理念，不仅指导太极拳理论，而且给太极拳练习提出方法。比如太极拳练习的基础——桩功，要求下盘稳固，站如松，扎根于地。再如太极拳强调"整劲"，力从足生，经身体而形于掌指。

（3）对立统一的辩证思维。我国古代哲学认为，阴阳是对自然界相互关联的事物和现象的对立统一的概括，它既可以代表两个相互对立的事物和势力，也可以代表同一事物内部所存在的相互对立统一的两个方面。阴阳是我国古代唯物主义哲学的重要范畴，具有矛盾对立统一的辩证思维。万物都是由性质相对立的两种物体构成的，缺失一方则另一方就不存在；同时，性质相对立的两种物体又是相互矛盾、此消彼长、相互转化的，它们不断变化着，处于一个对立统一的整体中。太极拳中强调的虚实、动静、开合、刚柔、进退等阴阳对立统一关系，充满着辩证思维。

（4）"以静制动、以柔克刚"的攻防宗旨。王宗岳《太极拳论》中讲道："斯技旁门甚多，虽势有区别，概不外乎壮欺弱，慢让快耳。有力打无力，手慢让手快，是皆先天自然之能，非关学力而有为也。察四两拨千斤之句，显非力胜。耄耋能御众之形，快何能为！"[1]这段文字把太极拳和其他拳种的技术划分得很清楚，是与"先天自然之能"相反的，不是"壮欺弱，慢让快，有力打无力"，而是"以静制动，以柔克刚，四两拨千斤，以慢制快"。由此可见太极拳的攻防核心思想。

2. 太极拳的主要技术特色

从技术特点来归类，太极拳属于内家拳体系。太极拳技法，具体为"十三势"，即掤、捋、挤、按、采、挒、肘、靠、进、退、顾、盼、中定。对于太极拳的练习步骤，《太极拳论》中提出由"招熟"而"懂劲"，进而至"神明"。太极拳的身形身法要点为头悬、身正、沉肩、垂肘、含胸、拔背、松腰、活胯等，这是太极拳的主要技术特色的体现与要求。

3. 太极拳的主要功能

（1）技击功能。尽管现代社会中，人们对太极拳的技击功能需要已大幅降低，但其基本构成元素毕竟是武术的攻防技击动作。练习太极拳的过程中，因其动作连接都会有特定的攻防要求和目的，对动作的训练也是对攻防方法的训练。

（2）健身、养生功能。太极拳《十三势行功心解》认为："气以直养而无害，劲以曲蓄而有余。"又说："身腹松净，气敛入骨。"[2]《十三势歌》里也说："若言体用何为准？意气君来骨肉臣。推想用意终何在？益寿延年不老春。"[3]太极拳动作与呼吸相结合，动作柔而不强、顺而不逆，呼吸定而不乱、聚而不散。呼吸与动作相配合，可以提高中枢神经的活动，是增强改善身体各内部器官机能的有效手段，具

---

[1] 王宗岳，等. 太极拳谱[M] 沈寿，点校考释. 北京：人民体育出版社，1991：25.

[2] 王宗岳，等. 太极拳谱[M] 沈寿，点校考释. 北京：人民体育出版社，1991：95.

[3] 王宗岳，等. 太极拳谱[M] 沈寿，点校考释. 北京：人民体育出版社，1991：35.

有改善体质状况的良好功能，特别适合广大群众长期练习。

（3）文化功能。太极拳吸收了我国古代哲学思想和传统儒、释、道、武、医思想，具有深厚的文化底蕴和修身养性的作用。博大精深的太极拳文化，是中华民族的智慧结晶，传承和发展太极拳也起到了文化传承的作用。

二、太极拳的创编与流传

（一）太极拳的创编

太极拳源于太极文化是无可争议的，但是太极拳最早源于何时、何地、何人，长期以来武术界、学术界有不同的意见。

清代王宗岳著有《太极拳论》，这是"太极拳"名称最早的文字记载。2019年《世界太极拳蓝皮书》认为自从"太极拳"一词出现在文献资料中以后，从可查的、翔实的历史资料来看，太极拳的诞生、发展的历史轨迹总体上是清晰的。[1]

太极拳的拳理和拳法在内家拳时代就已经出现，所以太极拳的源流，可上溯到内家拳时代，即明嘉靖年间武术家张松溪活动的时代。明末清初出现的陈氏太极拳在河南省温县陈家沟村陈氏家族世代传承，实现了技术体系的逐步完善和理论体系的最终形成，并由此开始向族外传播，逐渐衍生出了多家流派支系。名震京师的杨露禅从学于温县陈长兴，杨露禅一支创编的太极拳发展成为后来的杨氏太极拳。温县本地人氏陈清萍在陈氏太极拳基础上演化创编出赵堡太极拳。陈清萍弟子、温县本地人氏和兆元又在赵堡太极拳基础上演化创编出和氏太极拳。以拳论彪炳史册的武禹襄，也前来温县向陈清萍问艺研究。武禹襄一支创编的太极拳即后来的武氏太极拳。杨氏太极拳派生了吴氏太极拳和李氏太极拳；武氏太极拳派生了孙氏太极拳；杨氏太极拳和武氏太极拳派生了王其和太极拳。

基于以上事实，以及尚未有其他地方的文献与实物证据表明太极拳早于河南温县而起源，2007年7月31日，中国武术协会命名河南省焦作市温县为"中国武术太极拳发源地"；2007年8月21日，在河南省温县陈家沟，国家体育总局有关领导

---

[1] 李慎明. 世界太极拳发展报告（2019）[M]. 北京：社会科学文献出版社，2020：12.

为"中国武术太极拳发源地"揭牌。[1]

（二）太极拳的国内外发展情况

太极拳自创编以来，流派繁多，传习者众。从民间自觉自发传承练习，到国家提倡练习，并积极向海外推广，作为中华优秀文化的代表，太极拳受到世界各国越来越多人的喜爱。

1. 中华人民共和国成立前太极拳发展情况

1840年鸦片战争以后，正值国家处于外忧内患、人心动荡之际，特定的时势广泛激发了社会大众强身自卫的习武渴求，太极拳的传播也正逢其时。在"国学"复兴的历史背景下，中央国术馆在1927年成立，提出的馆训和口号是"术德并重，文武兼修，强种救国，御侮图存"。在"以武救国"的政治需要下，太极拳被大力宣扬，迅速在全国各地得到普及和推广，迎来了发展黄金期。

（1）各流派的广泛传播。自清末开始，杨家三代便一直在北京传拳授艺。后来，杨澄甫还远赴上海、杭州、武汉、广州等地传拳；吴氏太极拳创始人吴鉴泉也先后在北京、上海开堂授艺；1928年，陈发科走出陈家沟，将陈氏太极拳带到北京，改变了"谁知豫北陈家技，却赖冀南杨氏传"的局面；郝为真、郝月如、郝少如一家三代从武禹襄的外甥李亦畬处学得了武氏太极拳，先后将其传于北京、南京、上海等地，使武氏太极拳得以广泛传播，其间还有李氏、郝氏太极拳之说；孙禄堂结合形意拳、八卦掌于1918年创孙氏太极拳后，于1928年将其带到中央国术馆，使其得到广泛传播。

1935年出版的《廉让堂太极拳谱·马序》说道："于是陈派也，杨派也，李郝派也，吴（鉴泉）王（茂斋）派也，亦如新兴之学术与主义，万派争鸣，而莫衷一是。实则各家有各家之心得，各派有各派之特长。"这是当时有关太极拳各流派命名及成因的描述。

（2）多样化的传承推广方式。各地太极拳组织、国术馆成立后，公开教授太极拳，改变了太极拳的推广方式，在很大程度上加速了太极拳的发展。太极拳在初

---

[1] 李慎明. 世界太极拳发展报告（2019）[M]. 北京：社会科学文献出版社，2020：13.

期同其他武术拳种一样，主要依靠家族传承和师徒传承，而辛亥革命后兴起的学校传承、社团传播、国术馆推广，则在很大程度上拓宽了太极拳的传播面，从而促进了太极拳的大面积传播。将辛亥革命后太极拳的大发展进行总结可知：首先，当时各门各派的太极拳家都身怀绝技，他们都立足于太极拳的武术本质，依靠精湛的功夫赢得了世人的青睐。其次，太极拳与中华优秀传统文化高度结合，集中展现了"以巧斗力"的"技击之道"，作为"哲拳"而受到更多武术爱好者的青睐。这些是太极拳能够吸引众多习练者，从而迎来有史以来第一次大发展的关键性因素。

（3）太极拳著作的大量出现。这一时期，太极拳著作的出版呈现雨后春笋般的发展态势，由武入文，文武并重，而且立意极高，将太极拳的发展置于国家民族命运的高度，如"现值当道诸公，提倡国术，锻炼国民体格，以备御侮雪耻之际，槐荫亦国家一分子，爱国既不敢后人，而于先人遗著，又曷敢隐秘自私？爰刊印行世，聊为提倡国术之助"[1]，又如"同志谋广其传，以救吾族之文弱"[2]"使人人锻炼气体，固结精神，体育既普，而德与智且俱进于无穷，民族日强，国基益固"[3]等。其中，杨澄甫的《太极拳体用全书》最具影响力。

太极拳早期的传播历程，第一阶段是在北京的传播，与当时"以武救国"的思潮相激荡，产生一定影响力。第二阶段是20世纪20年代中央国术馆的成立及其在20世纪30年代的发展，使太极拳有了更高、更广领域的发展平台。另外，太极拳传承人的理论意识非常突出，大量专著的公开出版，大大提高了太极拳的受众面。[4]

2. 中华人民共和国成立后太极拳发展情况

中华人民共和国成立后，毛泽东曾号召全国人民打太极拳。社会生活稳定，经济发展繁荣，为太极拳的发展提供了良好的外部环境。1978年以来，改革开放给太极拳的全面发展提供了巨大的空间，太极拳进入推广普及期，邓小平曾亲笔题词"太极拳好"。太极拳传播至今，已经成为世界上参与人数最多、最受人们喜爱的武

---

[1] 贾红军，李光藩，崔彦彬，等. 从古城走向世界——永年太极拳史料集成[M]. 邯郸：中国·永年国际太极拳联谊会组委会，1993：157.

[2] 徐致一. 太极拳浅说[M]. 上海：文华图书印刷公司，1927.

[3] 于化行. 太极拳全书[M]. 太原：山西出版集团，2008.

[4] 李慎明. 世界太极拳发展报告（2019）[M]. 北京：社会科学文献出版社，2020：14.

第一节　太极拳

术运动和健身活动项目。据不完全统计，全国练习太极拳的人数超过5 000万。太极拳给人们带来的是身心健康，在"全民健身计划"推广中起到了积极的作用。

太极拳成为东方文化的一种符号象征，成为促进东方文化与西方文化交流的重要桥梁和纽带。不仅国内演练太极拳之风盛行，而且太极拳大师们还走出国门，将太极拳这一国之瑰宝传播至海外150多个国家和地区，世界上练习太极拳的人数超过1.5亿。

三、太极拳的内容体系

太极拳的内容体系

（一）传统类太极拳

太极拳经过300多年的流传演变，发展出许多流派，其中流传较广或特点较显著的有陈氏、杨氏、吴氏、武氏、孙氏等流派。

1. 陈氏太极拳

陈氏太极拳有老架、小架和新架之分，其由清初陈王廷创编，发源于河南温县陈家沟，由陈氏族人代代传承，有"老架""小架""新架""赵堡架"等。目前主要流传的陈氏太极拳，除拳套以外，器械方面有陈氏太极单刀、双刀、单剑、双剑、双锏、梨花枪夹折猿棍、春秋大刀、三杆、八杆、十三杆等套路，另有各种推手法、内功法等。

陈氏太极以松柔为本，刚柔相济，讲究缠丝劲法，发力时富有弹抖性，速度快慢相间，注重丹田内转，强调意、气、形的和谐统一。陈氏太极拳是太极拳流派中最古老的拳种，杨氏、吴氏、武氏、孙氏等都是直接或间接地在陈氏的基础上演变而来的。

2. 杨氏太极拳

河北永年人杨露禅幼年时在河南省温县陈家沟学拳，学成后带两个儿子到京师授拳。杨露禅任神机营总教习时，接连打败神机营好手以及不断挫败京师名门好手，名声大振，太极拳也因此誉满京师。杨露禅在京师20多年的教拳实践中，不断总结、创新、提高、完善，其拳术独具特色，自成一家，后被推崇为杨氏太极拳。杨氏太极拳传到杨露禅第三代孙杨澄甫时，由于授徒不再以技击为唯一目标，杨澄甫对太极拳一再修订，广行健身养生之道，由此，杨氏太极拳推广更加迅速，很快推广到全国各地。杨氏太极拳的特点是舒展简洁、动作和顺、刚柔内含、轻灵沉稳、速度缓慢均匀，锻炼步骤由松入柔、积柔成刚、刚柔相济，能自然地表现气魄大、形象美的独特风格。

3. 吴氏太极拳

吴氏太极拳由杨氏太极拳所传的拳式发展而来。杨露禅在京师授拳时，神机营中的万春、凌山、全佑受益最大。经过几年勤学苦练，三人各得所长，万春得刚劲，凌山善发劲，全佑长于柔化。后来全佑跟随杨露禅次子杨班侯继续深造，兼得杨家父子之长，融杨露禅大架和班侯小架于一体，自成太极拳功架，称著京师。全佑之子吴鉴泉自幼秉承家学，并在其父所传太极拳架的基础上逐步修改，形成松静自然、架势紧凑、缓慢连绵、不纵不跳、长于柔化的吴氏太极拳。

4. 武氏太极拳

河北永年人武禹襄，初从杨露禅学太极拳，后又赴河南温县赵堡镇随陈清萍学习陈氏太极拳新架。得到王宗岳《太极拳谱》后，潜心揣摩习练，将心得要领归纳写成《身法十要》，自成一派，创武氏太极拳。其特点为：身法严谨，姿势紧凑，动作舒缓，步法严格，分清虚实；胸部、腹部的进退旋转始终保持中正，用动作的虚实转换和"内气潜转"来支配外形；左右手各管半个身体，出手不过足尖。

5. 孙氏太极拳

清末河北人孙禄堂，精通形意拳和八卦掌。1912年从郝为真学习武氏太极拳，孙禄堂将形意拳和八卦掌的精华融入太极拳中，从而逐渐形成了自为一体的孙氏太极拳。其特点为：进步必跟，退步必随，小巧圆活，动作灵敏，转变方向时多以开合手相接，又被称为"开合活步太极拳"。

（二）竞赛类太极拳

为了竞技交流和传统武术的传承，国家体育总局分别组织创编了五大流派的太极拳竞赛套路，以及42式竞赛太极拳和竞赛太极剑的套路，可供武术运动员参加全国武术锦标赛选用。

太极拳的各种竞赛套路作为太极拳与西方体育融合的一种产物，是太极拳的动作素材融合西方体操运动评价体系的结果，为太极拳在当代找到一个新的生存空间的同时，也为表现难美性项群添加了一个特色鲜明的成员。

（三）对抗类太极拳

20世纪70年代，国家体育运动委员会（简称"国家体委"）在继承和发展中国武术的技击属性，挖掘整理武术对抗项目的背景下，提出了竞技太极推手的设想。1979年，国家体委武术处（今国家体育总局武术运动管理中心）邀请了全国30多名太极名家进行座谈研讨，制订了《太极推手竞赛暂行规则》。在1979—1981年举办的三届全国武术观摩交流大会上，开展了太极推手表演。全国性的对抗项目比赛是从1982年开始的，太极推手作为比赛项目，正式开始了竞技化历程。国家体委在1994年正式颁布了《太极推手竞赛规则》，同年，"全国武术锦标赛（太极拳、剑、推手）"比赛在北京举行，太极拳列为全国武术锦标赛项目，其中女子太极推手项目也在此时设立。

（四）健身类太极拳

中华人民共和国成立后，强调"发展体育运动，增强人民体质"，太极拳加快了向健身方向的转变。1953年，在全国民族形式体育表演及竞赛大会上，太极拳第一次在大型场合亮相。1956年，24式简化太极拳的创编，使太极拳迈入了大众健身的殿堂。24式简化太极拳的创编与各式标准化太极拳套路的创编修订由国家体育总局武术运动管理中心组织，由官方推广，而且动作统一化，通过书籍、影像的方式迅速传播开来，惠及社会大众。随着全民健身运动的开展，以太极拳为基础，通过创新研发形成了一个太极扇衍生项目，为太极拳增添了新的时代气息，使太极拳这个古老的拳种展现出新的时代魅力，得到了广大群众的喜爱。

四、太极拳的发展现状

21世纪以来，随着经济、社会、文化和教育事业的发展，太极拳以多样化的形态服务于社会的同时，其自身也获得了更为广阔的发展空间，在大众健身、体育竞赛、教育传承、国际传播等方面都得到了长足的发展。主要体现在以下几个方面：

太极拳的发展现状

（一）太极拳的组织发展

1. 太极拳运动组织推广情况

在20世纪90年代兴起的"全民健身"热潮中，太极拳因具有养生、技击、教育、艺术等多元价值而备受国人青睐，成为全民健身项目中练习人数最多的项目之一。进入21世纪，随着太极拳群众活动的蓬勃开展，太极拳的影响力与惠民力不断提升。2000年，国际武术联合会执委会会议通过决议，将每年的5月定为"世界太极拳月"。2011年以来，国务院先后颁布并实施了《全民健身计划（2011—2015年）》《全民健身计划（2016—2020年）》《"健康中国2030"规划纲要》，这三个文件均明确提出要扶持推广太极拳、健身气功等民族传统体育项目和健身活动。至此，太极拳在全民健身中的发展迈上一个新的台阶，太极拳练习人数日益增多。据不完全统计，目前全国长期练习太极拳的人数约5 000万，仅焦作、邯郸、成都三个太极拳特色城市，练习人数就超过500万。

2. 我国非物质文化遗产名录对太极拳种的收录情况

2006年，太极拳列入我国第一批国家级非物质文化遗产名录。迄今为止，共有10个太极拳种名列国家级非物质文化遗产代表性项目名录（前三批名称为"国家级非物质文化遗产名录"，第四批开始名称改为"国家级非物质文化遗产代表性项目名录"），省级非物质文化遗产名录中收录的太极拳种有数十种（表5-1）。

表5-1　国家级非物质文化遗产代表性项目名录收录太极拳种情况

名称	公布时间	类型	申报地区或单位
太极拳（杨氏太极拳）	2006（第一批）	新增项目	河北省永年县[1]
太极拳（陈氏太极拳）	2006（第一批）	新增项目	河南省焦作市
太极拳（武氏太极拳）	2008（第二批）	扩展项目	河北省永年县
太极拳（吴氏太极拳）	2014（第四批）	扩展项目	北京市大兴区
太极拳（李氏太极拳）	2014（第四批）	扩展项目	天津市武清区
太极拳（王其和太极拳）	2014（第四批）	扩展项目	河北省任县
太极拳（和氏太极拳）	2014（第四批）	扩展项目	河南省温县
太极拳（孙氏太极拳）	2021（第五批）	扩展项目	北京市西城区
太极拳（孙氏太极拳）	2021（第五批）	扩展项目	河北省保定市
太极拳（吴氏太极拳）	2021（第五批）	扩展项目	上海市

3. 太极拳申报联合国教科文组织人类非物质文化遗产代表作情况

2008年8月国家确定太极拳为申报项目，开始申报人类非物质文化遗产。2008年8月20日，中国政府启动太极拳申报联合国教科文组织人类非物质文化遗产代表作工作，9月太极拳完成申报，与中国的其他项目共计35项报送到联合国教

---

[1] 编者注：现为永年区，2016年9月邯郸市撤销永年县，设立永年区，下文根据相应时间将其称为永年县或永年区。

科文组织。一直以来,人类非物质文化遗产申报都备受关注,尤其是面对日本、韩国等国家的"抢注"行为,竞争几近白热化。由于名额少,太极拳在申遗候选项目中排名比较靠后,直到2020年12月17日,太极拳才终于被联合国教科文组织列入人类非物质文化遗产代表作名录。

(二)太极拳的教育培训

1. 借助"太极拳健康工程"推动全民科学化教育培训

国家体育总局武术运动管理中心从2014年起研究、规划并实施了太极拳健康工程。经过5年多的探索和尝试,全国太极拳健康工程四大支撑体系之一的太极拳公开赛已初具规模。2019年7月,国家体育总局等14部委联合印发《武术产业发展规划(2019—2025年)》,其中明确提出了实施太极拳健康工程。"太极拳健康工程"是以武术中群众喜闻乐见的"太极拳"为载体,旨在形成特色明显、技术适宜、形式多样、科学规范的太极拳全民健身服务体系。

"太极拳健康工程"工作目标

2. 依托高校教育平台系统规范太极拳的教育传承

当代社会,太极拳的健身效用已经深入人心。然而,太极拳的功能远不止于强身健体,它更具有修养身心、教化社会的功能,是一种教育的手段、育人的艺术。太极拳作为一种教育内容和手段进入高校体育课程以来,深受广大学生的推崇与喜爱。目前,我国普通高校开设的太极拳课程所涉及的教学内容主要有24式简化太极拳、56式太极拳、太极扇、32式太极剑等太极拳竞赛拳械套路,而24式简化太极拳是最为普遍的教学内容。高校太极拳课程的开展,无疑为太极拳乃至中国武术的传承与发展注入了强大动力,并提供了良好平台和契机。

(三)太极拳的科研创新

据调查,2008—2018年,国内太极拳相关研究呈稳中略有上升的趋势,年平均发文量在300篇左右,这说明了太极拳一直是大家关注的热点话题。"老年人"一直以来都是太极拳研究的重点人群,而"高校的太极拳教学"是各科研人员的研究热点。在当今社会,太极拳虽然是一个武术拳种,但用来实战技击已经不是社会的主流,由于太极拳的健身养生功能突出,因而太极拳养生健身领域的关注度很高。近年来,科研工作者以太极拳为影响因子,不断加大了太极拳在人体各项疾病中产生的影响效果研究。

习近平总书记曾指出："不忘本来才能开辟未来，善于继承才能更好创新。"[1]太极拳的当代传承离不开创新，可以说太极拳的发展史就是一部创新史。在当前社会背景下，太极拳除科研创新之外，技术体系也在不断创新。首先，太极拳针对不同的受众群众正在进行适应性改造。针对普通健身人群，正在创编各种简化、标准化太极拳；针对亚健康人群，正在进行太极拳健身功法创新；针对竞技运动员群体，正在进行竞赛套路太极拳创新。另外，针对传统太极拳套路，正在进行竞赛化创新，以利于传统太极拳套路的标准化、可评化，促进传统太极拳的传播与交流。

（四）太极拳的交流比赛

2000年5月，中国武术协会启动了太极拳健康月活动，决定将每年的5月定为"太极拳月"。2000年7月，国际武术联合会执委会为支持中国的5月太极拳月活动，将每年5月定为"世界太极拳月"。世界各地的体育、武术及太极拳组织在每年5月都会举行丰富多彩的交流活动，各国的中国文化中心等驻外机构也通过各种方式，持续推动太极拳在世界各地的发展与传播。2015年第八届中国·焦作国际太极拳交流大赛参赛人数创纪录地超过了5 000人，有41个国家和地区的代表参加，充分展现了太极拳的发展成果。2017年，第十三届全运会增设了19个群众比赛项目，其中太极拳是最具中华民族传统体育特色的项目之一。全运会群众比赛太极拳项目的圆满举行，让太极拳这项具有代表性的中华传统武术项目进一步拉近了与群众的距离，让更多人领略到了中华传统武术的魅力。

为了更好地开展太极拳运动、传承太极拳文化、促进太极拳习练者的交流，在国家体育总局武术运动管理中心的主办和指导下，全国各地的体育局纷纷积极承办、组织开展了形式多样的太极拳赛事活动。

1. 邯郸国际太极拳运动大会

河北省邯郸市历来修武习艺之风浓郁，以武术为主的体育运动十分普遍。永年县作为太极拳的中兴之地，在发展太极拳事业上，发挥了得天独厚的优势。为了

---

[1] 参考2014年2月24日习近平在主持十八届中央政治局第十三次集体学习时的讲话。

进一步传承、弘扬太极拳，邯郸市发挥历史文化优势，大力弘扬太极拳文化。从1991年开始举办的"永年国际太极拳联谊会"，是永年县开展的太极拳活动中最著名的品牌，在社会上引起了巨大的反响。2000年为了适应比赛规模和提升赛事规格，"永年国际太极拳联谊会"更名为"邯郸国际太极拳联谊会"。随着2008年北京奥运会的成功举办以及全民健身运动如火如荼的开展，邯郸市政府又将"联谊会"升级为"运动大会"，主办方也由邯郸市政府、永年县政府变更为国家体育总局武术运动管理中心和邯郸市政府。把太极拳和运动结合起来办成大会，这在太极拳历史上是一个创举。

2. 中国·焦作国际太极拳交流大赛

始于20世纪90年代初的"焦作国际太极拳交流大赛"，以太极拳为切入点，架起了太极拳对外交流的桥梁。大赛每两年举办一次，每届都有很多国家和地区的太极拳爱好者参与竞技交流，得到了焦作市政府的高度重视。2000年，大赛由温县易地焦作；2005年起，更名为"中国·焦作国际太极拳交流大赛"，并同焦作山水旅游节结合起来，使参赛人员能够在交流技艺之余欣赏焦作的美丽风光。2007年，第四届中国·焦作国际太极拳交流大赛暨首届全国新农村农民太极拳健身大赛暨第六届中国·焦作山水国际旅游节在焦作市举行。2009年第五届中国·焦作国际太极拳交流大赛变更为由国家体育总局、河南省政府主办，这是全国首例由国家体育总局主办的单项赛事。

3. 世界太极拳健康大会

世界太极拳健康大会是由国家体育总局武术运动管理中心、中国武术协会与地方政府联合举办的一项传统性赛事活动。2001年，首届世界太极拳健康大会在海南省三亚市举行；2005年，第二届世界太极拳健康大会在海南省海口市举行；从第三届开始，赛事固定为每两年举办一次，迄今已成功举办了七届。该项赛事旨在向世界全面、系统地展示太极拳的精华，深入研究、交流太极拳的科学健身规律，为世人呈现一场太极拳文化盛宴。

大型常规太极拳竞赛交流活动的持续开展，掀起了世界性的太极拳练习热潮，推动了太极拳在新时代的蓬勃发展。

第二节　内养功

一、内养功概述

（一）内养功的概念

内养功

内养功是20世纪40年代末，刘贵珍先生将其练习的气功在整理、完善的基础上应用于医疗实践，并取得了良好的效果，依据我国传统医学阴阳五行学说、经络学说、脏象学说，编汇且命名为"内养功"的一套功法体系。

内：内养功强调在心静状态下练功，注重意守，达到"大脑静，脏腑动"的效果。《老子》第十六章指出："致虚极，守静笃。"这种虚静状态通过向内、向己的沉淀才能实现。

养：养生、养护、保养、摄养、调养。养护生命，使之长久。

功：指练功、动法，要长年累月、循序渐进地练功，才能达到效果、实现长寿健康的目的。

内养功可以理解为"内即是内求，通过自我的练习来达到养生的目的，养则是不断的积累、培养和滋养，功就是不断重复的可操作技能"[1]。

（二）内养功的特色与效果

1. 内养主静，强调意守

内养功的鲜明特色，体现在独特的练功方法和呼吸形式上。内养功中包含动功和静功，比起对于肌肉力量的锻炼，内养功更加注重内部修炼而不是外部练习，练功以静为主，以动为辅，尤其注重意念集中，强调意守。意守主要以意守丹田穴为主，不易出偏，根据不同病症还可意守膻中穴、命门穴、涌泉穴、足三里穴等穴位，充分体现了辨证施治、对症练功的特点。

---

[1] 肖远德. 漫谈中医理论与内养功［C］//中国医学气功学会. 中国医学气功学会第五届会员代表大会暨2014年学术年会论文集. 2014：80-82.

2. 阴平阳秘，呼吸调摄

练习内养功时，除运用腹式呼吸以外，还要注意自身独特的呼吸形式。不同呼吸形式的效果和适合人群也不尽相同。呼吸分为软呼吸法和硬呼吸法，软呼吸法具有滋阴作用，硬呼吸法则具有壮阳补气效果。另外，在呼吸同时要配合默念字句，呼吸要有停顿，舌体要有起落，气息要沉于丹田。

内养功是中华人民共和国成立以来，最早一批经过临床实践的气功医疗功法。一系列医疗实践和临床应用证明内养功具有培补元气、疏通经络、平衡阴阳的功能，尤其在改善人们的消化功能、调节神经系统机能等方面具有突出效果。现有研究结果表明，内养功在便秘、胃液分泌、肠炎、慢性胃炎、失眠、焦虑、抑郁、消化道溃疡病、胃下垂、糖尿病等疾病的防治方面具有效果。

二、内养功的创编与流传

（一）内养功的创编

内养功的源头可以追溯到明朝末年，"该功法最晚于明朝末年已在民间以单传口授的形式流传"[1]，已有的资料显示内养功从第一代到第六代的传人分别是郝湘武、薛文占、张学忠、张春和、刘渡舟、刘贵珍。其中在内养功的流传和传播过程中，刘贵珍先生作出了重大贡献。经过刘贵珍先生的练习、整理、实践、完善，内养功形成了现在的体系，具有一定的社会影响力。

刘贵珍（1902—1983年）在参加抗日战争过程中，身受伤病之痛，经过组织批准回乡养病，偶然向刘渡舟习得内养功。经过自身练习和体验，他的伤病得到较好的恢复。1948年他开始对传统气功进行挖掘、整理、实践。他将内养功分为初级、中级、高级三个难度级别，以及静功、动功两个体系，概括出内养功的独特呼吸方法。另外，内养功的操作方法、理论体系、治病原理等总结在他所著的《气功医疗实践》和《内养功》之中。

刘贵珍先生不仅自身练习内养功，还大胆创新，将内养功运用到医疗实践中。他倡导气功疗法，使传统气功减少了神秘色彩，增加了更多的中医保健特色。

---

[1] 刘亚非. 形神兼备内养功［N］中国中医药报，2017-5-17（7）.

1956年，在相关部门的支持下，北戴河气功疗养院在河北省创办，刘贵珍先生担任院长。该疗养院致力于气功疗法研究和推广，通过举办培训班，培养了气功医疗相关人才，面向社会进行教学，改变了内养功过去师徒单传、口耳相授的方式，使更多人能够学习内养功。

（二）内养功的国内外流传情况

1. 国内流传情况

内养功在国内带起了一阵"气功热"，而刘贵珍本人则多次得到党和国家领导人的接见。1956年，毛泽东亲自接见了刘贵珍。董必武、谢觉哉、林伯渠、李富春、陈毅、叶剑英等都向刘贵珍学习过内养功。1955年，时任中央人民政府卫生部部长李德全亲笔签署嘉奖令并颁发奖金，这是官方首次肯定医疗气功"对保障人民健康和发展祖国医学文化遗产"的重要作用。另外，北戴河气功疗养院不仅承担了内养功的传播、实践、教学培训等职能，还向海外推广以内养功为代表的气功文化，促进了中华文化的对外传播。

内养功在国内的蓬勃发展正好赶上两次气功热潮：一次是中华人民共和国成立不久后的20世纪50年代，这一期间内养功的医疗价值得到重视，因为在医疗落后、医药紧缺的年代，气功疗法的确为人民健康作出过贡献。另外一次是改革开放后的20世纪80年代，改革开放后人民生活水平的提高、思想的包容和开放，让人民能够用更加理性的眼光去看待事物，内养功的养生价值得以挖掘，内养功也为实现提高人民生活水平、健康长寿的目标而服务。

2. 国外流传情况

改革开放后，我国对外开放进入了一个新的阶段，中外交流更加深入和全面。在中外交流中，以内养功为代表的气功无疑是极具中华传统文化特色的项目。

内养功在欧洲已经走进法国、德国等多个国家。1995年，法国东方文化传播中心与北戴河气功疗养院开展合作，先后组建了9个不同规模的三年制气功培训学校，至今有900余名学生毕业。法国东方文化传播中心对医疗机构的医师也进行了气功培训。法国东方文化传播中心从1994年开始，每年都派人到北戴河气功疗养院进行医疗气功培训和交流。内养功作为医疗气功的代表功法，已经成为该传播中心三年制气功学校的必修课程。刘贵珍之女刘亚非还应邀赴法国10余次，进行医疗气功学术交流及太极拳传授。

内养功在德国的流传主要依托协会和大学，在德国奥登堡大学、德国波恩气功养生学会、德国守中中医学校等单位和组织的努力与推广下，气功疗法已经纳入医疗保险支付项目。另外，以内养功为代表的气功疗法在欧洲诸国如挪威、瑞典、比利时、西班牙、奥地利、卢森堡等也具有一定的群众基础。

1957年美国哈佛医学院第一次派相关人员到北戴河气功疗养院学习气功疗法，1982年再次派人到北戴河气功疗养院参观学习。内养功在美国的推广依托医疗机构和大学相结合的模式。夏威夷大学把气功课程纳入学分记录，夏威夷独立医师协会把内养功作为医师会员的技能培训项目。

日本社会呈现出高度老龄化的特征，因而，日本积极向中国学习传统养生文化，并将其运用到应对老龄化的措施中，为此还成立了专门的内养功研究会和内养功协会，旨在学习、研究、推广内养功，为老龄化社会服务。

三、内养功的内容体系

（一）内养功的动功、静功两大体系

内养功从练功方式上分为动功、静功两大体系（表5-2），在难度上可以分为初级、中级、高级三个练功层次，并且内养功有着独特的呼吸方法，这些构成了内养功的体系。

表5-2　内养功的两大体系

两大体系	具体内容
静功	以呼吸吐纳为主的一种静功。练习静功时的姿势分为侧卧式、仰卧式、坐式和站式四种
动功	"动以养形，静以养神"。内养功中的动功包含通过自我的保健按摩和拍打，促进对身体特定经络和腧穴的刺激，以及配合呼吸的身体运动，类似导引术和按摩术

（二）内养功的三个层次

从练功的难度来看，内养功分为初级、中级、高级三个练功层次，每个层次都有静功和动功两种。

（三）独特的呼吸方法

除自然呼吸和腹式呼吸之外，内养功还具有三种独特的呼吸方法，这三种呼吸方法要求呼吸、停顿、舌动、默念四种动作相结合（表5-3）。运用这种独特的呼吸方法能使人体达到"阴平阳秘"的健康状态。正如《黄帝内经素问译释·生气通天论》所说："阴平阳秘，精神乃治。"[1] 阴气平顺、阳气固守，阴阳相互调节，维持相对平衡，才是人体最佳状态。

表5-3 内养功的呼吸方法

名称	具体内容
第一种呼吸方法： 吸气—停顿—呼气 又称硬呼吸法、补阳法	运动形式：先行吸气，并用意念将其"引"至下丹田，稍做"停顿"后，再呼出；然后用同法进行下一次呼吸，"延长"吸气相对的时间
	舌动：吸气时舌抵上腭，停顿时舌不动，呼气时舌随之下落
	效果：补阳作用，交感神经兴奋性上升，副交感神经兴奋性下降
第二种呼吸法： 吸气—呼气—停顿 又称软呼吸法、滋阴法	运动形式：锻炼时先吸气，随之慢慢呼出，呼气毕稍做"停顿"；然后用同法进行下一次呼吸，"延长"呼气相对的时间
	舌动：吸气时舌抵上腭，呼气时舌落下，停顿时舌不动
	效果：滋阴作用，交感神经兴奋性下降，副交感神经兴奋性增强
第三种呼吸法： 吸气—停顿—吸气—呼气	运动形式：锻炼时先吸气少许，随即稍"停顿"一会儿，再吸气至极限后徐徐呼出；然后用同法进行下一次呼吸
	舌动：吸气舌抵上腭，停顿时舌不动，再吸气，呼气时随之落舌
	效果：其本质与第一种呼吸法类似，但其进一步强调了吸气，达到阴平阳秘

四、内养功的发展现状

（一）内养功的组织发展

内养功的发展主要依托于社会组织，以北戴河气功疗养院为核心，服务全国、面向海外。北戴河气功疗养院成立于1956年，刘贵珍先生担任该院第一任院长，

---

[1] 南京中医药大学. 黄帝内经素问译释［M］. 4版. 上海：上海科学技术出版社，2009：32.

致力于内养功的教学培训、师资培训、对外交流以及医疗实践等各项工作。1986年，河北省卫生厅决定将北戴河气功疗养院更名为"河北省北戴河气功康复医院"，2001年3月该院又更名为"河北省医疗气功医院"。该机构自成立以来，发展成为集气功医疗、教学、科研、康复、保健以及疗养度假、会议培训为一体的综合性省级医疗机构，是国家中医药管理局批准的"全国医学气功教育基地"、国家中医药管理局"十二五"重点学科——中医气功学建设单位、全国医疗气功技术协作组牵头单位、全国疗养系统中医治未病服务工作牵头单位。

（二）内养功的教育培训

成立于1956年的北戴河气功疗养院，承担了内养功的技术教学和师资培训的职能。在经济落后、医药紧缺的20世纪五六十年代，以内养功为代表的医疗气功的盛行在一定程度上缓解了这种局面。1957年，刚成立不久的北戴河气功疗养院就举办了"全国气功师资培训班"，面向全国各医疗卫生单位进行医疗气功的师资培训。该院作为全国医疗气功的牵头单位，至今已经为全国600多个医疗单位培训和输送师资，其中包括中国中医研究院、河北中医学院、中日友好医院、北京中医医院等。

2001年更名为河北省医疗气功医院后，该单位继续承担面向国内医疗单位的教育培训以及面向海外输送教学师资的职能。一方面，该院派出教学师资到世界各国进行教学培训和开展讲座；另一方面，海外相关机构和习练者来此培训，学习进修，以获得教学资格。

（三）内养功的科研创新

刘贵珍先生在推广内养功的过程中，一直注重内养功在临床实践中的效果，先后在河北省第二干部疗养院、唐山气功疗养所、北戴河气功疗养院等地主持气功疗法的临床实践。1953年，刘贵珍先生调任到唐山，成立了气功疗法研究小组，唐山市工人疗养院专门划拨出部分医护人员协助开展工作。研究小组对360例患者开展内养功教学，练功百日后观察临床疗效，发现治愈率达95%以上。此项研究成果于1955年上报到卫生部。

除临床实践外，刘贵珍先生还注重内养功相关理论的概括和总结。1955年刘贵珍在《中医杂志》上发表一篇名为《在实验研究中的中医气功疗法》的论文。该论文是中华人民共和国成立后在学术期刊上最早发表的关于气功的论文,阐述了刘贵珍对于医疗气功的学术观点。另外,刘贵珍先生还著有《气功疗法实践》一书,该书涵盖了内养功等多种功法,介绍了气功疗法的特点、要领等,提出了针对不同疾病辨证练功的原则。

在刘贵珍先生发表相关学术论著后,关于内养功的科学研究也与日俱进,取得重要科研成果。这些科研主要围绕内养功调节消化功能、调节神经系统机能,如内养功治疗消化性溃疡机理探讨(张志亭,2013)、内养功在抑郁与失眠焦虑症治疗中的应用(刘亚非,2019)等。随着时代发展和科技进步,关于内养功的研究范围更广、深度更加深化,且研究手段、器材设备和研究方式都在不断创新。

(四)内养功的交流比赛

通过派遣专家去海外讲学,以及吸纳海外人士来中国进修交流,内养功起到了纽带和桥梁的作用。内养功既是海外各国了解中华传统文化的窗口,又是完善医疗体系、辅助卫生保健事业的切入点,体现了我国传统养生文化的魅力,同时也证明了我国传统养生文化能够为促进世界人民健康、助力人类卫生健康作出一份贡献。

第三节 练功十八法

一、练功十八法概述

(一)练功十八法的概念

练功十八法是庄元明先生针对颈、肩、腰、腿痛等慢性病的病因病理特征,结合临床推拿手法治疗经验与现代运动医学和运动生物力学理论,以防治颈、肩、腰、腿痛等常见病为主要目的的医疗保健体操。

练功十八法是在继承和发掘我国古代的医学体育遗产,如导引术、吐纳功、按摩术等的基础上,依据推拿手法治疗的临床经验,按照现代运动医学和运动生物力学理论创编而成的。练功十八法的每一节动作都有特定的主要活动部位和锻炼要

练功十八法

求,以及相关的适用症状。以"漏肩风"为例,由于肩带关节功能障碍及软组织发生痉挛、粘连和僵硬等病变,肩关节功能丧失,为了康复肩带活动,针对这种病的起因和机理,以活动肩带为主的肩关节部位练习被创编出来,练功十八法(前十八法)中的第3~6节,对于漏肩风具有良好的防治效果。练功十八法的有些动作,如"胸前抱膝",乃是从推拿手法的临床经验中整理出来的,其通过屈膝活动来锻炼下肢关节屈曲功能,达到增强臀腿部活动功能的目的。

(二)练功十八法的特色与效果

(1)动作针对性强。运动器官疾病的共同特点是活动功能障碍,疼痛部位僵硬、肌肉萎缩、乏力等。针对这些特点,有的放矢地编制针对身体发病部位的动作,通过练功十八法有针对性的练习来恢复患病部位的活动功能,坚持一定时间的锻炼,可以让颈、肩、腰、腿痛部位的软组织得到放松,肌力加强,以此恢复身体活动功能。

(2)动作幅度宜大。人体关节活动范围的大小,直接影响到肌肉活动的质量。要想取得防治运动器官疾病的效果,消除关节功能障碍,松解关节周围软组织的僵硬、痉挛、粘连,改善病变部位的血液循环和氧化还原过程,增强肌力等,需要进行活动幅度较大的动作,使肌肉得到更多的锻炼和适应。

(3)动作缓慢而有劲。这是练功十八法区别于其他医疗体操的一个显著特征。运动器官疾病的特点是行动不便,肌肉僵硬疼痛,不能像健康人那样做出快速有力的动作,只能缓慢地做力所能及的活动。为此,参加练功十八法锻炼的患者,必须遵照动作缓慢的特点,既要调动锻炼的积极性和持久性,又要避免因快速动作带来的意外不良反应和损伤。动作缓慢的同时还要求肌肉着劲,这种"劲"就是肌肉内部所做的工作。这种工作越多,肌肉的酸胀感也越明显,否则相反。肌肉酸胀感的程度,反映肌肉的锻炼效果。所以,练习练功十八法时,既要动作做得缓慢,又要做得有劲,这样才能收到明显的锻炼效果。

二、练功十八法的创编与流传

(一)练功十八法的创编

练功十八法是由上海著名中医推拿骨伤科专家、武术家庄元明先生在继承我国著名武术家暨中医骨伤科专家王子平老师"祛病延年二十势"练功经验的基础上，总结历代导引功法之精华，结合自己丰富的临床经验与现代医学知识，于1972年创编而成的。练功十八法这张"体育医疗处方"开创了患者由被动接受治疗转化为自己主动施治锻炼的先河。

（二）练功十八法的国内外流传情况

1975年始，庄元明先生在上海外滩创立了全国首个练功十八法辅导站。练功十八法由此从上海走向全国，推广到各地，惠及大众。经过多年实践，扩展成"前十八法""后十八法""续十八法"三套功法。

从1984年起，庄元明先生多次受邀至日本授课，练功十八法在日本各城市发展迅速。目前，在日本有多个练功十八法协会，如全日本练功十八法联盟，东京都、神奈川县、神户市、横滨市、北海道、大阪市等练功十八法协会。在印度尼西亚，练功十八法成为中老年人的"国操"，有600多万人练习，并成立了印度尼西亚练功十八法协会。在巴西，练功十八法也被列为医疗康复重要推广项目之一。在新加坡也成立了新加坡练功十八法协会。另外，在美国、英国、法国、西班牙、葡萄牙、奥地利、加拿大、瑞典、荷兰、德国、澳大利亚等40多个国家和地区都有练功十八法的爱好者。2009年6月，"练功十八法"被列入第二批上海市非物质文化遗产名录。

三、练功十八法的内容体系

（一）前十八法

1. 防治颈、肩痛的练功法

第一节　颈项争力

第二节　左右开弓

第三节　双手伸展

第四节　开阔胸怀

第五节　展翅飞翔

第六节　铁臂单提

2. 防治腰、背痛的练功法

第七节　双手托天

第八节　转腰推掌

第九节　叉腰旋转

第十节　展臂弯腰

第十一节　弓步插掌

第十二节　双手攀足

3. 防治臀、腿痛的练功法

第十三节　左右转膝

第十四节　仆步转体

第十五节　俯蹲伸腿

第十六节　扶膝托掌

第十七节　胸前抱膝

第十八节　雄关漫步

（二）后十八法

1. 防治四肢关节痛的练功法

第一节　马步推掌

第二节　歇步推掌

第三节　上下疏通

第四节　转体回头

第五节　左右蹬腿

第六节　四面踢毽

2. 防治腱鞘炎、网球肘的练功法

第七节　四面推掌

第八节　拉弓射箭

第九节　伸臂转腕

第十节　前后展臂

第十一节　马步冲拳

第十二节　松臂转腰

3. 防治内脏器官功能紊乱的练功法

第十三节　摩面揉谷

第十四节　按摩胸腹

第十五节　梳头转腰

第十六节　托掌提膝

第十七节　转腰俯仰

第十八节　展臂舒胸

（三）**续十八法**

防治中老年人慢性支气管炎、心肺功能衰弱的练功法：

第一节　自然呼气

第二节　呼吸练气

第三节　亮翅吸气

第四节　下蹲吐气

第五节　按摩理气

第六节　摩面暖气

第七节　擦颈平气

第八节　推颈缓气

第九节　拍胸松气

第十节　提臂宽气

第十一节　开胸顺气

第十二节　看手运气

第十三节　上下通气

第十四节　转腰舒气

第十五节　俯仰补气

第十六节　仆步壮气

第十七节　锻炼正气

第十八节　踏步行气

四、练功十八法的发展现状

（一）练功十八法的组织发展

练功十八法的发展主要依托以上海市练功十八法协会（1989年5月在上海批准成立）为主体的组织模式。该协会是经上海市民政局登记注册的上海市专业性社会团体法人，也是上海市文旅局批准的练功十八法非物质文化遗产项目市级保护单位，主要对练功十八法进行宣传普及和提高，同时进行科研、教学、比赛和国内外交流等活动。协会由团体会员和个人会员组成，并拥有国家级社会体育指导员15名以及国内外教练员、裁判员200余名（截至2019年12月）。

（二）练功十八法的教育培训

主要在上海市社区、学校、楼宇开展练功十八法的线上线下教学、培训指导活动。2019年举办了上海市练功十八法培训推广大型活动，在上海市嘉定区、虹口区、黄浦区、浦东新区等4个区域开展培训活动，参加学员1 000多人。举办了两期上海市练功十八法教练员、裁判员培训班，培养了100余名上海市一级、二级教练员、裁判员。

（三）练功十八法的科研创新

练功十八法研究领域主要涉及防治颈、肩、腰、腿痛，四肢关节痛，腱鞘炎，网球肘等常见病的疗效观察，在"练功十八法防治颈肩腰腿痛的临床疗效及其初步实验观察""后十八法防治四肢关节痛、腱鞘炎、网球肘、神经官能症、胃肠功能紊乱、冠心病、高血压患者的疗效观察""国内外练功锻炼者反映的效果调查和典型病例的摘要""练功十八法治疗肩周炎的疗效评定"（上海市第一人民医院）等研究方面以及练功十八法对老年人血浆活性影响、对缓解伏案后颈肌疲劳的表面肌电等研究领域，发表学术研究论文数篇。

《练功十八法防治颈肩腰腿痛的研究》曾获上海市重大科学技术成果奖（1977年）、上海市科学技术进步二等奖（1985年）和上海市中医、中西医结合科研成果一等奖（1981年）等奖项；1996年，练功十八法被国家体育运动委员会全国征集体育健身方法组委会选入"中华体育健身方法"首卷书籍。

（四）练功十八法的交流比赛

1980—2010年举办的练功十八法比赛众多，有上海市第三届老年人运动会前十八法比赛、上海市"飞鹰杯"前十八法比赛、上海市"江镇杯"后十八法比赛、上海市职工冬锻交流赛前十八法比赛、上海市老年人运动会后十八法比赛等。1989—2014年，上海练功十八法国际交流大会共举办15届，有20多个国家和地区8 000余名海内外练功十八法爱好者参加。

2012—2019年，主要举办了上海市市民运动会练功十八法总决赛、上海市全民健身节"川沙杯"练功十八法比赛、上海市民体育大联赛练功十八法总决赛。另外，上海市民体育大联赛社区练功十八法比赛、职工练功十八法比赛和社会体育指导员个人技能比赛以及练功十八法总决赛等赛事和展示举办了10余次，全上海市共有16个区县、230余支练功十八法健身团队、4 000余人参加。练功十八法协会获上海市第一届市民运动会"民乐奖牌"，2014年和2015年获上海市民体育大联赛最佳联赛奖和优秀组织者奖。两次获国家体育总局授予的2009—2012年度和2013—2016年度全国群众体育先进集体。此外，还有上海城市业余联赛"嘉定新城杯"前十八法（团体）比赛、后十八法（团体）比赛、续十八法（团体）比赛（闵行体育馆）、上海市练功十八法家庭大赛等赛事。

2020年，举办了上海市第三届市民运动会"嘉定新城杯"上海市前十八法（团体）比赛（嘉定区市民健身中心）、"祝桥杯"上海市后十八法（团体）比赛（祝桥镇文化服务中心）、中国"太平洋杯"第十一届老年人运动会前十八法比赛（崇明区体育馆）、上海市练功十八法家庭大赛（海富花园网球场）、上海市练功十八法线上个人比赛、"嘉定新城杯"上海市练功十八法项目总决赛（嘉定区市民健身中心）等赛事。2021年，举办了上海城市业余联赛上海市练功十八法大赛（嘉定区市民健身中心）、上海市练功十八法家庭大赛（海富花园网球场）等赛事近20次，全上海市共有16个区、264支练功十八法健身团队、5 000余人参加。

2018—2021年，在练功十八法发源地上海市黄浦区举行了四届上海市黄浦区练功十八法千人展示活动（卢湾体育场），近3 000人参加。

第四节　导引养生功

一、导引养生功概述

（一）导引养生功的概念

导引养生功概述

导引养生功是张广德先生以中医藏象学说、经络学说、阴阳学说、五行学说和气血理论为指导，以强身健体、防治慢性疾病为目的，创编而成的功法体系。

导引是气功的古称。"导"有通导、疏导之意，指导气；"引"有引伸、引导之意，指引体。导引即导气令和、引体令柔。将无意识状态下的呼吸疏导为细、匀、深、长的腹式呼吸，把肢体锻炼得柔韧结实。导引是肢体运动、呼吸调节和意念活动三者相结合的一种健身术。

养生指保养生命。传统养生文化认为生命是身心二元结构的对立统一体，保养生命意味着对于身心各自的保固与安养，以及由身及心或由心及身的交互作用，以达到身心一如、形神俱泰、延年益寿的养生目的，实现《黄帝内经·上古天真论》所描述的"形与神俱，而尽终其天年，度百岁乃去"的上古天真的生命境界。

导引养生功继承《黄帝内经》中的养生观，突出"治未病"思想。

（二）导引养生功的特色与效果

1. 以中医整体观、辨证施治为创编原则

导引养生功以中医藏象学说、经络学说、阴阳学说、五行学说和气血理论为理论依据，遵循整体观和辨证施治原则，针对不同的病症，创编不同的功法，并考虑脏腑间的生克关系和阴阳平衡来设计动作。导引养生功上下相合、左右对称，循经导引、辨证取穴，在阴阳消长中求得平衡。

2. 与现代医学理论相结合

导引养生功在运用传统中医理论的基础上，采用现代医学的分类方法，对应人体八大系统，创编对症功法。在功理的阐述中，从传统中医理论与西方运动学两个角度进行说明，便于大众理解和指导实践。

3. 动作柔和缓慢，融武、医、舞、艺、乐为一体

导引养生功的运动形式遵循我国传统的审美观，讲究和缓、圆活、端庄、柔

美，配合乐曲，在运动健身的同时追求艺术表现。

4. 重视意、气、形的统一，追求身心和谐

导引养生功将肢体锻炼与精神修养、健身与养心紧密结合，主张人与自然、人与社会、人自身心理与生理的和谐统一，追求"形与神俱"，倡导畅怀、制怒、莫愁、信寿、尽孝的养生文化，避免七情内伤。

二、导引养生功的创编与流传

（一）导引养生功的创编

1974年，北京体育大学张广德先生身患癌症住院，在此期间，他以中医的整体观念、经络学说、气血理论、阴阳学说、五行学说和现代医学的相关理论为指导创编了导引养生功，意在寻找一种不药而医的方法。他在医生的精心调治和关心下，结合导引养生功的练习，逐渐地治愈了自身疾病。以此为契机，张广德先生以人体八大系统发病的病因、病理为依据，开始创编对症功法。他先后完成了提高心功能和防治心血管系统疾病的"舒心平血功"，提高肺功能和防治呼吸系统疾病的"益气养肺功"，提高脾胃功能和防治消化系统疾病的"和胃健脾功"，提高骨骼肌肉功能和防治颈肩腰腿痛的"疏筋壮骨功"，提高肾功能和防治生殖泌尿系统疾病的"育真补元功"，提高肝功能和防治肝胆疾病的"舒肝利胆功"，提高神经系统机能和防治神经系统疾病的"醒脑宁神功"，提高视力和防治各种眼疾的"明目还视功"，提高听力和防治耳鸣、耳聋疾病的"坐势聪耳功"，以及具有扶正培本、显著增强体质的"四十九式经络动功""导引保健功""九式强身功"等近百套功法。

（二）导引养生功的国内外流传情况

导引养生功自1974年创编开始，至今已有近50年历史，传习者众多。它从无到有，从小到大，从国内到国外，逐渐发展，不断壮大。

1. 科学论证，改进完善阶段（1979—1983年）

导引养生功创编之后，为了检验其强身作用和防治疾病的效果，以张广德先生为核心的团队做了大量的研究工作，在北京体育大学科研所对各套功法的练习效果进行实验室研究，同时在山西医学院、武汉空军医院、山东潍坊市人民医院、武钢

职工医院、吉化职工医院、河北廊坊市中医院等医疗机构进行临床观察，以大量的数据证明了导引养生功的实效性。

2. 形成体系，建立学科阶段（1984—2005年）

经国家教育委员会批准，1986年在北京体育大学科研所建立了导引养生功研究室，成立了导引养生功研究会，并开设导引养生功选修课和必修课。随着练习人群的增多，各省（自治区、直辖市）也相继成立了导引养生功协会、中国武术协会导引养生功研究会等民间团体。1990年8月成立了中国高等教育学会导引养生功专业委员会，其属二级全国性学会，导引养生功升级为导引养生学，并开始招收导引养生功研究方向的硕士研究生。1998年，北京体育大学成立导引养生中心。2005年北京体育大学成立体育养生教研室。一些医学院校如山西医学院、云南中医学院等相继将导引养生功纳入教学大纲。目前共出版了近百本专著及教学VCD，确立了竞赛制度和段位制度。

3. 蓬勃发展，走向世界阶段（2006年至今）

导引养生功不仅在国内蓬勃发展，在国际上也得到了认可和喜爱。在国内，举办了八届全国导引养生功邀请赛，两届全国导引养生功学术研讨会；在国际上，每两年一次的国际导引养生功邀请赛和表演大会，至2022年已连续举办了15届。

目前，导引养生功的足迹已遍布世界五大洲70多个国家和地区。1997年成立日本导引养生功总本部，欧洲15个国家联合成立了欧洲导引养生功联合会，法国成立了导引养生功专科学校，法国巴黎第十三大学波比尼医学院、德国奥登堡大学、德国科隆体育大学、韩国明知大学等已开设导引养生功课程。联合国教科文组织杜迪埃内先生不仅身体力行练习导引养生功，还将其誉为"东西方文化交流的桥梁"。

三、导引养生功的内容体系

（一）对症类功法

对症类功法是指防治人体八大系统疾病的经络导引动功，包括立势功法和坐势功法（表5-4）。

导引养生功的内容体系与发展现状

表5-4 导引养生功对症功法

功法	对症
舒心平血功、坐势强心功、导气令和调息功	高血压、低血压、冠心病、心动过速、心律不齐、动脉硬化等心血管系统疾病
益气养肺功、坐势益肺功	伤风感冒、急慢性气管炎、肺气肿等呼吸系统疾病
和胃健脾功、坐势补脾功、舒肝利胆功、坐势保肝功、三消九治功	消化不良、便秘、痔疮、脱肛、肠胃炎、胃溃疡、胃下垂、肝炎、胆囊炎、胆结石、糖尿病等消化系统、内分泌系统和慢性代谢性疾病
疏筋壮骨功、坐势除痹功、引体令柔十三式	颈肩腰腿痛、筋力衰弱不能屈伸、肌肉失养、骨弱无力等运动系统疾病
醒脑宁神功、坐势安神功、坐势聪耳功、明目还视功、宁神练意调心功	头痛、面神经麻痹、三叉神经痛、神经衰弱、梅尼埃病、偏瘫、耳鸣、耳聋、近视、老花眼、青光眼等神经系统和五官疾病
育真补元功、坐势固肾功	遗精、阳痿、尿潴留、慢性前列腺炎、肾炎、月经不调、痛经、白带异常、腰膝酸软等生殖系统和泌尿系统疾病

（二）健身类功法

健身类功法指具有综合防治和健身作用的经络导引动功，包括导引保健功、四十九式经络动功、九九还童功、坐势行滞功、坐势健身功等。

（三）养生太极类

以防治疾病为目的、结合太极拳动作特点创编而成的导引养生功，包括养生太极掌3套、养生太极扇（单扇、双扇）3套、养生太极剑（短袍、长袍）各1套、养生太极刀1套、养生太极锦2套、养生太极锤2套。

（四）全民居家健身养生运动处方

包括适用于残疾人、儿童、中老年人、办公室人群、进城务工人群及家庭常见病的养生运动处方。

四、导引养生功的发展现状

（一）导引养生功的组织发展

导引养生功主要依托学校、协会和师徒三方协同发展的组织模式。在高等院校中以北京体育大学导引养生中心（1998年成立）为核心，承担教学科研、师资培训、段位考核、竞赛组织与管理等职能。在社会中以导引养生协会的组织形式进行教学与发展。此外，导引养生功还采用传统师徒传承制度作为院校传播和协会传播的补充。

（二）导引养生功的教育培训

北京体育大学导引养生中心定期举办全国高校体育养生教师培训班、段位考试培训和功法培训。各地导引养生功协会也会定期开展教学、训练活动。

（三）导引养生功的科研创新

导引养生功已开拓的研究领域主要包括功法健身与疾病防治效果、文化内涵探析、教育教学、传承与发展等。随着高等院校中导引养生功的推广普及，相关科学研究的成果也逐年增加。

（四）导引养生功的交流比赛

专门性赛事有国际导引养生功比赛，每两年举办一次。同时，还会不定期举办国内导引养生功邀请赛。此外，导引养生功也被各地传统体育养生类比赛设置为竞赛项目。

第五节　健身气功

一、健身气功概述

（一）健身气功的概念

健身气功是中华优秀传统文化暨体育养生文化的重要组成部分，是以自身形体活动、呼吸吐纳、心理调节相结合为主要运动形式的民族传统体育项目。

"健身气功"属于复合名词，"健身"和"气功"两个词语相互限定。一方

健身气功概述

面,"健身"作为定语修饰"气功",将气功限定为具有健身目的、健身意义的气功。另一方面,"气功"作为定语修饰"健身",限定了健身的手段是气功锻炼。概念和特征的确定,为指导人们进行锻炼和科学研究指明了正确的方向,保证了健身气功科学、健康的发展。健身气功的概念,是在我国传统气功文化的基础上,在实践过程中,通过去伪存真和甄选与优化后提出来的,因而具有深厚的文化内涵和价值。

(1)健身气功的核心。健身气功的核心是追求健康,相应的,其主要价值就是确定健康的真正含义和获得的渠道,即健身气功应该站在中国传统医学和现代西方医学的角度,从对健康的认识历程中汲取营养。这也是健身气功传统价值与现代价值的相互融合。

(2)健身气功的健身理念。健身气功作为一类体育项目,其健身理念适用于现代体育健身的一般科学基础。但健身气功又是具有我国传统特色的体育项目,因而我国传统的健身理论也成为健身气功之健身理念的主要内容。

(3)健身气功的个性特征。"形体活动、呼吸吐纳、心理调节"不仅带有体育运动的一般属性,而且具有健身气功的个性特征。这种个性特征突出体现在心理调节的方式和内容之中,具有中华民族敦厚的文化特征。

(4)健身气功的目标。健身气功是中华优秀传统文化中的一朵奇葩。它通过调身、调息、调心的方法使人体在运动健身时进入最佳状态并发挥最好水平,这也是健身气功的目标之一。

(二)健身气功的特色与效果

1. 健身气功的特色

健身气功是一项具有鲜明个性特色的健身活动。三调合一、保健养生、身心健康的多重调节是健身气功区别于其他运动形式的显著特点。健身气功的锻炼强调调身、调息、调心三调密切配合。身、息、心是健身气功锻炼的三个操作性元素,应自然合一。

调身,是健身气功锻炼的基础,在进行健身气功的练习中,无论是对身体姿势的要求,如行、立、坐、卧,还是对各种动作过程方法的要求,如俯仰、屈伸、旋转、升降、开合等,都要求习练者做到身体不偏不倚,中正安舒,肢体不僵不拘,充分放松协调,虚实分明,这有利于习练者做到形正体松。古人云:形不正则气不顺，气不顺则意不宁，意不宁则神散乱。因此，可以看出形体中正是前提。习练者通过对身体姿势的控制、调整，从有规矩到脱规矩，从而具有中正自然、协调舒适的身体形态，使全身经络、气血畅通。

调息，是沟通调身和调心二者之间的桥梁。健身气功的呼吸特点是细、匀、深、长，有助于呼吸中枢功能的改善，调整交感神经、副交感神经的功能，起到调整相应内脏器官和组织的作用。

调心是"三调"中的重中之重，是习练者要达到的终极目标。调心可以帮助习练者不断排除杂念和各种不良心理，逐渐建立良好的心理，并使良性思维的能动作用得到很好的发挥，更是调节大脑和脏腑功能的良药。

调身、调息、调心三者达到统一，健身气功原始的目标是使习练者初步实现身强体健。正是这三个显著的特点，造就了健身气功的独特性。

2. 健身气功的效果

（1）健身气功对气血的作用。

中医认为"气血冲和，万病不生"，即如果人体内的气血达到和谐、通畅、有序的平衡状态，则能精力充沛，身心舒畅，体魄强健，益寿延年。

"气"在我国传统文化中是个非常重要的概念，它被视为人体生长发育、脏腑运转、体内物质运输传递和排泄的基本推动能源。《庄子·知北游》中说道："人之生也，气之聚也，聚则为生，散则为死。"[1]个体生命的生存基质，就在于"气"之聚散。

"血"是人体重要组成部分，是重要载体，其主要作用是输送与滋养。中医上又称"血为气之母"。血足，则面色红润、肌肤饱满丰盈、毛发润滑有光泽。血亏，则导致身体各种不适，如失眠、健忘、烦躁、惊悸、面色无华等。

健身气功作为古代的养生智慧精华，通过肢体的导引、呼吸的配合、心神的调节，增强机体新陈代谢，促进人体气血运行，调节脏腑功能等。

（2）健身气功对津液的作用。

古代养生家视津液为人体至宝，非常珍惜。其有很多美好的喻名，如灵液、玄液、玉液、玉浆、金液、金浆、金醴、醴泉、清水、神水、甘露、玉液等。明代李

---

[1] 王先谦. 庄子集解［M］. 北京：中华书局，1987：186.

中梓《内经知要》卷上解"活"字曰:"古人制'活'字,从水从舌者,言舌水可以活人也。舌,从千从口,言千口水可以成'活'也。津与肾水原是一家,咽归下极,重来相会,既济之道也。"[1]《仙经》曰:"气是添年药,津为续命芝。"[2]

津液源于饮食水谷,并通过脾、胃、小肠、大肠等器官,消化吸收饮食水谷中的水分和营养而生成,张仲景在《伤寒论》中提出"保胃气,存津液"的养生原则。健身气功功法动作中,抻拉、拧转、按摩等动作,如"赤龙搅海""鼓漱吞津"等术式均能有效地刺激津液分泌。

(3)健身气功对三焦的作用。

华佗曰:"三焦者,总领五脏、六腑、荣卫、经络、内外左右上下之气也,三焦通,则内外左右上下皆通也,其于周身灌体,和内调外、荣左养右、导上宣下,莫大于此者……三焦之气和则内外和,逆则内外逆。"[3]《黄帝内经》对三焦的解释为调动、运化人体元气的器官,负责合理地分配、使用全身的气血和能量。

健身气功锻炼过程中,习练者通过抻拉、伸展躯干及四肢,可有效梳理三焦、和畅周身气血。

(4)健身气功对呼吸系统的作用。

呼吸是人体进行气体吐故纳新的方式。呼吸有多种方式,健身气功强调运用细、匀、深、长的腹式呼吸方式。从解剖学来看,此种呼吸方式能够提高吸气肌的力量和辅助呼气肌的活动。通过长时间的练习,习练者能有效提高肺活量,提高肺泡与肺泡周围毛细血管血液之间的气体交换效率,对肺的通气功能、横膈活动幅度、呼吸频率、气体代谢等有良好的影响,使肺部沉积的旧空气完全排出体外,摄取足够量的氧气。

(5)健身气功对心理的调节作用。

调节心理的方法有很多,健身气功是其中之一。健身气功因动作和缓,能使肢体放松,意念集中、安静、内敛,从而有助于排除杂念,深层次地放松大脑,释放压力,调节负面情绪。

---

1 包来发. 李中梓医学全书[M]. 2版. 北京:中国中医药出版社,2015:11.

2 包来发. 李中梓医学全书[M]. 2版. 北京:中国中医药出版社,2015:11.

3 李聪甫. 中藏经校注[M]. 北京:人民卫生出版社,1990:72.

二、健身气功的"根源"与演进

中华优秀传统文化具有广阔性与丰富性，中华文明在世界文化中大放异彩。中国这片疆土，孕育了无数民族和朝代，在历史节奏的演进推化下，各种文化要素交融、碰撞，形成了我们特有的文化形态。在中国历史流动的过程中，气功是一种民间发起、民间推演的行为锻炼艺术，由肢体动作演练而成，随后才在医学名士的升华作用下形成集吐纳、归气等带有明显医学特征的内容。健身气功的传承，以五禽戏、八段锦等健身项目为中心广为流传。

（一）健身气功的"根源"

在古代，人们在日常生活中发现，当完成了劳动工作后，伸懒腰、打哈欠等简单行为能有效地减缓劳动疲劳。同时人们还对四肢活动和呼吸模式进行了一些行为判断，最终发现舒缓、有节奏的肢体活动，以及配合节奏的呼吸，能够有效地缓解身心疲乏的状态。于是，这种调节自身活动与呼吸状态的方法就逐渐被民众采用。目前所知，《吕氏春秋·古乐》明确记载了尧帝时期，民众通过固定而有节奏的肢体动作来减缓湿潮环境所引起的身体疼痛，相关书籍将这种群体活动的行为模式称作"舞"。由此可知，这种具有明显针对身体进行作用的"舞"，就是健身气功最早的形成状态。

在古代，人们没有高效和准确的医疗设备对健身气功的行为有效性进行研究，因此，当时的医学术士就十分重视对自然环境的经验采用。他们认为，动物是一种与人存在根本差别但同样拥有活跃生命体征的生物。因此，医学术士观察和利用动物形体中与人类有着本质区别的部分弥补人类在肢体上的不足，如华佗"五禽戏"。华佗、陶弘景、孙思邈等医家、养生家在对一些导引术式和功法进行了融合和使用，并将其广而传播。而这类有着固定动作和名称的名医推介模式奠定了健身气功古代形态的发展地位。但在古代，健身气功并未将行为意义的核心本源定义为"气"，因此，在发展进程中，气功常被命名和定名推演为吐纳、胎息、修道、止观、禅定等。而真正在名称中使用"健身""气""功"等词汇的名家则为许逊，古籍则为《太清调气经》。

(二)健身气功的演进

(1)养生保健的演进方向。

若论健身气功养生保健分支中的集大成者,则必然要以东汉末年的医学名家华佗为尊。华佗在研究身体医学分支的过程中,通过书籍《淮南子》产生了对不同生长形态动物进行形式模仿的思路。他通过提炼虎、鹿、熊、猿、鸟等生物的肢体特性,总结出了具有"血脉流通、谷气得消"的整套动作,命之曰"五禽戏"。而五禽戏的特征不但新颖,其在医学养生中的作用也得到了认可。

虽然华佗"五禽戏"具体练习内容的相关记载已经散佚,但五禽戏利用整套动作实现强健体魄的作用,却已经为后人钻研人体修身养性的方法作出了杰出贡献。如医家陶弘景曾说明人体修身养性、以气修行的关键秘诀就在于"动静结合"。而后在时代推移中,各方医学术士逐渐将气功作为养生和调养的主要方向,不断提出了以手、足、身为主的调养内容,将健身气功归纳为可用医学。

在宋元时期,各类养生医书逐渐将内容变动为以"寿亲养老""三元延寿"等老龄化医术为主的形式,至此,气功养生在老年群体中得到认可。而综合历史所述,无论健身气功的演进过程经过多少变化,其始终以强身健体、调节身心为主要目的。同时,这些存在于历史中且真正具有实际作用的健身气功理论知识,奠定了健身气功在国学文化中的历史地位。

(2)儒释道各家的练功演进方向。

儒释道各家所遵循的气功与健身气功存在根本性的差异,而儒释道各家的练功形式又存在固定的差别,因为各家的练功思想都是以各自的道、义、礼、法作为约束的。但各家在对气功的认知和行为延展方向上都坚持"养生"的中心立意。早在儒家诞生之初,其派别参与练功的唯一目的是强健体魄,而强健体魄是为了能将身心控制在较为健康的状态,完成齐家、治国、平天下的根本目标。孔子认为,人在静止的状态下调节呼吸、心性,能够使暴躁的性格变得平缓,增加抱负之心。当颜回病逝后,孔子更加坚定了气功静坐能延长寿命、修身养性的观点。因此从儒家角度而言,"心斋"和"坐忘"是儒家气功的演进起源。而释家更加突出对"自我""心性""悟性"等要点的修炼。而自我范畴内就包含对自身的看重,释家认为人只有在自我修行的过程中,以静为心、以动为养,才能在动静结合的过程中实现气心合一,进而形成"悟"。道家气功修炼注重道法自然、清静无为的法则,强调在"致虚极,守静笃"的状态下,激发人体内在的生命潜能,促使精气神发生"炼精化气,炼气化神，炼神还虚"的递进升华过程，从而实现与达到道家所追求的得道成仙目的。

在近代，健身气功在儒释道各家中发展而来，虽然存在目的和修炼本质的不同，但实际上仍然以修身养性、强健体魄为中心思想。因此，健身气功无论在医学史上，还是在儒释道各家修炼的发展过程中，都得到了较高的认可。

三、健身气功的内容体系

健身气功的内容体系

（一）普及大众功法

1. 健身气功·易筋经
2. 健身气功·五禽戏
3. 健身气功·六字诀
4. 健身气功·八段锦
5. 健身气功·十二段锦
6. 健身气功·导引养生功十二法
7. 健身气功·马王堆导引术
8. 健身气功·大舞
9. 健身气功·太极养生杖

（二）竞赛功法

1. 健身气功·易筋经
2. 健身气功·五禽戏
3. 健身气功·六字诀
4. 健身气功·八段锦

注：上述功法具体内容，可参考国家体育总局健身气功管理中心编著的相关教材，故此不再赘述。

四、健身气功的发展现状

（一）健身气功的组织发展

自中华人民共和国成立后，气功在国家的重视下，得到了初步的挖掘、整理、研究和推广创新。1955年河北省成立了唐山市气功疗养所，这是中华人民共和国成立以后的第一个气功医疗和研究机构，标志着中国气功发展迎来历史性新起点。1956年3月，唐山市气功疗养所在原有的基础上移址北戴河，北戴河气功疗养院自此建立。此后，1957年成立了上海市气功疗养所。1960年，卫生部委托上海市气功疗养所举办了"全国气功师资进修班"。

健身气功的发展现状

继北戴河气功疗养院与上海市气功疗养所建立后，温州气功疗养院也建立起来，许多综合医院和各省疗养院均陆续开展气功临床医疗，如辽宁兴城工人疗养院、干部疗养院、八一疗养院等，还有青岛、大连的疗养机构及南京中医学院附属医院等。1959年10月16日—31日，在北戴河气功疗养院召开了全国首届气功学术交流会议，全国各省（自治区、直辖市）的61个单位84名代表参加了会议。这一时期在上海和北京等地的一些科学家，如徐丰彦教授、邝安堃教授等，对气功的生理基础和临床应用也进行了研究，胡耀贞先生在气功医疗方面也作出了重要贡献。

1979年中华全国医学会召开了"全国气功研究汇报会"；同年12月，北京市科学技术协会批准成立北京气功研究会。1981年9月9日，中华全国中医学会建立了全国性的气功科学研究会（以后改组为医学气功科学研究会），并通过了《中华全国中医学会气功科学研究会章程》。中国中医科学院于1983年成立了气功研究室，并于1986年获得气功学硕士学位授予权。1985年12月25日，经国家经济体制改革委员会批准，拟成立中国气功科学研究会。1986年2月23日，在中国气功科学研究会召开的座谈会上，钱学森发言指出，当前气功科学界的一项任务是"建立唯象气功学"；同年4月30日，中国气功科学研究会正式成立。1987年中国体育气功研究会，经国家体育运动委员会批准成立，隶属国家体育运动委员会、中华全国体育总会，该研究会主要从事气功研究推广和普及等工作。1989年11月17日，在北京召开了世界医学气功学会成立大会；同年，"世界医学气功学会"成立。与此同时，关于气功的研究日益兴盛，其影响远远超出单纯科研范围，不但涉及物理、化学等自然科学领域，还涉及历史、哲学等社会科学领域，甚至涉及文学、音乐等艺术领域。

1993年10月全国气功教育研究会成立。1996年6月，经中国科学技术协会批准，国家民政部注册，中国气功科学研究会科学普及工作委员会正式成立。1996年8月5日，中共中央宣传部、国家体育运动委员会、卫生部、民政部、公安部、国家中医药管理局、国家工商行政管理局联合下发《关于加强社会气功管理的通知》（以下简称《通知》）。《通知》明确指出气功是中华民族宝贵的文化遗产，划分了政府各有关行政部门在社会气功管理工作中的职责范围及相互间协调共管的工作关系，确定了社会气功管理的重点，第一次提出什么是社会气功，什么是健身气功，什么是医疗气功，明确界定"社会气功是指社会上众多人员参与的健身气功和气功医疗活动""群众通过参加锻炼，从而强身健体、养生康复的，属健身气功""对他人传授或运用气功疗法直接治疗疾病，构成医疗行为的，属医疗气功"。1996年8月26日，国家体育运动委员会办公厅下发《贯彻落实〈关于加强社会气功管理的通知〉有关问题的通知》，明确健身气功归口国家体育运动委员会武术运动管理中心，该中心下设气功部负责具体工作。以此为标志，中国以健身为特征的气功活动进入依法行政、规范管理和健康有序的发展阶段。1998年2月22日，国家体育运动委员会正式颁发了《健身气功管理办法（草案）》。

  2000年9月，国家体育总局颁布的《健身气功管理暂行办法》，对"健身气功"的概念做了进一步的阐述："健身气功是以自身形体活动、呼吸吐纳、心理调节相结合为主要运动形式的民族传统体育项目，是中华悠久文化的组成部分。"

  2001年国家体育总局健身气功管理中心（以下简称"中心"）成立，是国家体育总局直属事业单位。中心成立之后，陆续编创推出健身气功新功法，先后发布《健身气功管理办法》《健身气功项目实施〈社会体育指导员技术等级制度〉暂行办法》《健身气功竞赛规则（试行）》《健身气功裁判员管理暂行办法》《中国健身气功对外技术等级评定办法（试行）》《中国健身气功对外技术等级套段细则》等系列规章制度，积极推动各省（自治区、直辖市）成立专门机构在境内外举办形式多样的健身气功交流活动。2003年2月28日，国家体育总局作出了《关于将健身气功列为我国正式开展体育项目的批复》（体竞字〔2003〕22号），同意将健身气功列为我国正式开展的体育项目，日常业务工作由国家体育总局健身气功管理中心开展，为国家体育总局作为推动群众性健身气功活动的顺利开展，奠定了坚实基础；同年第一支中国健身气功代表团出访日本，进行健身气功境外教学培训推广活动。2004年8月，经国家新闻出版总署批准创办了《健身气功》杂志。2005年国家体育总局开始实施"和谐站点"工程，这类活动站点基层组织建设是以和谐站点为主、复合站点为辅、面向广大群众提供公共体育服务的公益性推广模式，这也是健身气功基本的推广普及模式。2006年首届国际健身气功交流展示大会举办，

2014年该大会更名为世界健身气功交流比赛大会。2007年全国百城健身气功系列展示活动、全国健身气功交流比赛大会等开始举办。

2008年全国百县千村和全国百大公园健身气功系列展示活动举办；同年健身气功列为世界体育大会正式比赛项目。2011年9月21日的第十四届世界群众体育大会上,"百城千村"活动荣获国际奥委会首次设立的群众体育奖,这是中国群众体育的荣誉,也是对广大健身气功工作者的巨大鼓舞。2012年9月21日,国际健身气功联合会成立大会暨第一次会员代表大会在杭州召开,共有来自33个国家和地区,52个社会组织的86名代表参加了这次大会。国际健身气功联合会第一届委员会和执行委员会会议表决通过了章程和会徽,以及财务管理办法,决定了专项委员会的机构设置和人员组成。2013年8月28日,国家体育总局办公厅正式印发了《健身气功发展规划（2013—2018年）》;同年举办了全国高等院校健身气功比赛、第二届全国老年人体育健身大会健身气功比赛。2014年8月,国际健身气功联合会特别会员代表大会、执行委员会和专项委员会会议举办,会议表决通过了《国际健身气功联合会章程（修订案）》,增设了健身气功执行局,以及常务副主席等职务。

（二）健身气功的教育培训

2001年健身气功·易筋经、健身气功·五禽戏、健身气功·六字诀、健身气功·八段锦4套功法由国家体育总局科教司立项。2003年10月,全国实行推广这4套健身气功。2008年,国家体育总局健身气功管理中心组织编创新健身气功功法,分别为健身气功·太极养生杖、健身气功·十二段锦、健身气功·导引养生功十二法、健身气功·马王堆导引术和健身气功·大舞。国家体育总局还先后举办了功法培训班,包括辅导员、爱好者、管理干部、对外教练员、裁判员、海外骨干、高校师资、社会指导员等不同层次、不同形式、不同人群的培训班。2014年国家体育总局健身气功管理中心专门设立了"健身气功精英计划"这一高层次专业技术人才培养计划。另外,全国各地积极建立健身气功活动站点,截至2015年,全国健身气功注册站点达27 838个,站点习练人数达3 520 207人。

（三）健身气功的科研创新

2001年,国家体育总局科教司经批准立项,向全国20所具有气功教学和科研实力的体育、中医院校和科研单位公开招标,本着"公开、公正、公平"的原则,举行了竞标会，经过激烈角逐和评审，北京体育大学、上海体育学院、武汉体育学院和中国中医科学院（原名中国中医研究院）西苑医院、北京中医药大学等单位申请的历史悠久、深受广大群众欢迎的健身气功·易筋经、健身气功·五禽戏、健身气功·六字诀和健身气功·八段锦功法研究课题中标。这四套功法，动作素材均来源于历代文献资料，吸收传统功法精髓，体现时代特色，是对中华优秀传统文化的继承和挖掘；博采众长，凝聚各方面专家学者、各级体育行政部门和参加试验群众的集体智慧；坚持以中医、西医、体育以及相关现代科学理论为基础，用科学试验检验其具有明显的健身、养生效果；动作简单易学，形态优美，群众认可度高。另外，这四种健身气功图书也正式出版，力图通过打造精品，全面开展推广工作。为进一步检验这四种健身气功的健身效果，国家体育总局健身气功管理中心组织课题组开展"四种健身气功健身效果研究"，历时两年，其中问卷调查涉及7个省市5 322人，实验观察样本量总人数1 203人。研究表明，坚持练习健身气功对人体的生理机能、身体素质以及心理状态等方面都有积极的改善。

2008年，为满足不同人群的练功需要，国家体育总局健身气功管理中心以科研课题的形式，通过公开招标、公开竞标、严格评审，立项健身气功·太极养生杖、健身气功·十二段锦、健身气功·导引养生功十二法、健身气功·马王堆导引术和健身气功·大舞功法课题。2010年，以上新五套健身气功功法编创完成并正式出版相关丛书。

（四）健身气功的交流比赛

自2007年以来，举办了全国健身气功交流比赛大会、全国高等院校健身气功比赛、全国老年人体育健身大会健身气功比赛、中国健身气功博览会、国际健身气功博览会、全国健身气功站点联赛、全运会健身气功比赛、国际健身气功交流展示大会、世界体育大会世界健身气功交流比赛大会、欧洲健身气功运动会等交流活动或赛事。

思考题

1. 陈氏、杨氏、吴氏、武氏、孙氏五种太极拳各有什么特点？
2. 简述刘贵珍先生创编内养功的过程。

3. 简述庄元明先生在推广练功十八法方面的贡献。

4. 概述张广德先生创编的导引养生功的内容体系。

5. 如何认识与理解推广普及健身气功对全民健身的积极意义？

6. 如何认识与理解传统体育养生功法功理在当前社会的创造性转化、创新性发展？

第六章
传统体育养生教学

【章前导言】

本章主要介绍了传统体育养生教学的基本特点与要求，泛化学习动作、分化掌握要领、固化自动有序等三个具体的教学阶段暨教学的基本步骤，以及传统体育养生教学的偏差及其预防与纠正。

【学习目标】

1. 了解传统体育养生教学的基本特点与要求。
2. 理解传统体育养生教学的三个阶段与基本步骤。
3. 充分认识传统体育养生教学中练功偏差的产生及预防。

教学是教师的教和学生的学所组成的一种人类特有的知识传递实践过程。通过这种实践过程，教师有目的、有计划、有组织地引导学生学习和掌握文化知识和技术技能。传统体育养生教学是在教师和学生的共同参与下，按照教学计划和教学大纲的要求，运用适当的教学方法，进行传统体育养生理论知识与技术技能的传授，使学生能够掌握传统体育养生的理论知识、技术方法，达到增进健康、修身养性之目的的活动过程。只有正确地认识和理解传统体育养生教学的基本特点与要求、教学阶段与步骤，才能够有效地提高传统体育养生教学质量、实现教学目的。

第一节　传统体育养生教学的基本特点与要求

一、传统体育养生教学的基本特点

（一）传统体育养生教学对象的基本特点

传统体育养生是人们改善身体健康状况的一项运动，也是一种修身养性的方法。简单易学、健身效果明显的特点使其能满足不同人群的需求。因此，传统体育养生教学对象包括不同年龄、不同身体状况、不同学习目的、不同领域等人群。因为传统体育养生教学对象成分复杂，其对传统体育养生的了解和认知水平参差不齐，教师在进行传统体育养生教学时要做深入的调查研究，全面了解学生情况，既要了解学生的一般特点，又要了解学生的个性差异。

传统体育养生教学的基本特点

（二）传统体育养生教学内容的基本特点

教学内容是教与学相互联系的媒介，是教师和学生开展教学活动的依据，是组成教学过程的基本因素之一。传统体育养生是中华民族数千年来在生产、生活与疾病作斗争过程中总结的强身健体的智慧结晶，因其锻炼方法或源流的不同，其种类繁多，形式多样。因此，传统体育养生教学内容丰富，行、立、坐、卧各式各样，既有徒手练习，也有器械练习；既有技术教学，也有理论传授；既包含中华优秀传统文化,也有相关学科的现代研究。

(三)传统体育养生教学过程的基本特点

1. 注重调身、调息、调心的紧密结合

"三调"是传统体育养生功法教学的基本操作内容,调身是对基本身形和肢体运动的调整,调息是对呼吸的控制,调心是对意念的运用。"三调"是传统体育养生教学过程中有机联系在一起的三个方面。

2. 注重功法技术与理论知识相结合

传统体育养生功法简单,易学易练,但功法所承载的中华优秀传统文化及健身养生的理论知识又是丰富广博的。在教学过程中,既要有功法传授,让学生掌握相应的传统体育养生技术技能,也要有相关理论知识的讲解,使学生不仅"知其然",还"知其所以然"。

二、传统体育养生教学的要求

(一)传统体育养生教学对教师的要求

1. 具有高度的政治思想素质

传统体育养生教师需要有高度的政治思想素质,要树立崇高的理想和坚定的信念,热爱教育事业,在进行传统体育养生教学过程中要坚持社会主义方向,坚决抵制任何迷信、庸俗的糟粕,确保教学内容正确、健康。

传统体育养生教学对教师的要求

2. 具有扎实的专业理论知识和技能

"学高为师,身正为范"准确地概括了教师的专业特征和要求。传统体育养生教师应认真研究教材,准确地掌握传统体育养生教学内容,包括相关理论知识和功法套路。在理论知识方面,要掌握与教学内容相关的功法理论知识,并能在教学中运用自如。在技能方面,要熟练掌握功法套路,把握技术动作要领、重点和难点等,要能够在教学实践中很好地指导学生练习。

3. 具有良好的组织教学能力

组织教学能力是教师完成教学任务所应具备的最基本能力。在传统体育养生教学中,教师应能够根据教学大纲制订教学文件、设计教学过程,并在课堂教学中有效实施设计好的教学过程。同时,教师还要能够控制好课堂秩序,以确保传统体育养生教学活动的正常、顺利进行。

（二）传统体育养生教学对学生的要求

1. 端正学习动机

传统体育养生功法是我国古代流传下来的健身方法，是中华优秀传统文化的重要组成部分，其目的是祛病强身、修身养性。因此，学习传统体育养生要端正学习动机，树立正确的传统体育养生运动观，不可盲目追求开天眼、神通、长生久视等人体特异功能。

2. 遵守课堂纪律，积极配合教师的教学组织

学生要严格遵守课堂纪律，按时上课，不迟到、不早退、不旷课，上课时着装要符合传统体育养生课的要求，课堂上应尊重教师，认真听讲，积极练习，配合教师的教学组织安排，听从指挥。

传统体育养生教学对学生的要求

3. 注重理论知识的学习

传统体育养生功法简单，易学易练，但在千百年的流传过程中，更多地吸收和融入了道、儒、医、佛、武术等我国传统文化各方面的内容，蕴含着深厚的文化内涵和功法理论。脱离了理论知识的传统体育养生功法就是简单的肢体运动，只有学习、了解、掌握功法所蕴含的理论知识，才能真正领会、掌握并指导功法实践。同时，传统体育养生发展到今天，现代医学等多学科的加入，使其理论体系更加丰富。因此，只有注重理论知识的学习，才能更加科学地进行锻炼。

4. 注重功法技能的实践

传统体育养生运动是一种自我身心锻炼的实践活动。这一实践活动是习练者自身有意识、有目的、有计划的自主能动性活动。传统体育养生功法的动作大多比较简单，通过学习很快就可以掌握，而要获得良好的学习效果需要自己不断地实践。正所谓"师傅领进门，修行在个人"，在传统体育养生练习中，习练者自身既是实践的主体，又是实践的对象，练习过程是自我调整和自我控制的实践过程。传统体育养生功法技能的实践要抓住调身、调息、调心，只有通过长期的实践积累，才能取得良好的练功成效，提升自我身心境界。

第二节　传统体育养生教学阶段与步骤

一、传统体育养生教学阶段

（一）泛化学习动作阶段

在传统体育养生功法教学初期，教师通过讲解、示范和带领学生实践练习，可以使学生获得初步的感性认识，但是学生对传统体育养生运动技能和功法的内在规律并不完全理解。此阶段学生动作僵硬不协调，技术粗糙或出现多余动作。该过程教学要抓住动作的主要环节和学生学习过程中存在的主要问题，以正确的示范带领学生掌握动作，以精练的讲解帮助学生理解动作。

传统体育养生教学阶段

（二）分化掌握要领阶段

在反复练习过程中，学生对传统体育养生运动功法和技能的内在规律有了一定的理解，学生学练时动作逐渐变得协调、规范，能够比较顺利、连贯地完成功法练习并初步建立了动力定型。此阶段教学要不断强化正确的技术方法、动作规格和习练要领等，并有意识地将动作、呼吸、意念三者进行配合。

（三）固化自动有序阶段

通过进一步的巩固和提高，学生能够熟练地完成整套功法的练习，甚至有时候能够结合功法的练习要领、功法特点等顺利地进行演练，表现出更加准确、优美的特征。此阶段教学，教师应根据情况对学生进一步提出要求，注重"三调"的结合，加强理论学习，这样更有利于动作质量的提高和动力定型的巩固，有助于促进功法练习自动化的形成。

二、传统体育养生教学步骤

传统体育养生教学步骤

（一）传统体育养生课堂教学的开始部分

传统体育养生课堂教学开始时，一般有简短的课堂常规要求说明，这是为了保证传统体育养生课堂教学的正常进行，有利于建立正常的教学秩序，而且对加强学生的思想教育、提高学生文明素质都有重要作用。开始部分一般包括整理队伍、记录考勤、师生问好、教师宣布本次课的教学内容与任务、提出课堂要求等。

（二）传统体育养生课堂教学的准备部分

传统体育养生课堂教学的准备部分，是以预热身体、调整呼吸、消除内脏惰性、集中心神等为基本目的练习。准备部分可以有效地帮助习练者预防练习中意外的发生，有助于改进和提高传统体育养生功法练习的质量和健身效果。一般以柔缓圆连、伸展牵拉为基本特征的身体运动为主，并可配以适当的呼吸调整和意念控制。

（三）传统体育养生课堂教学的基本部分

传统体育养生课堂教学的基本部分，也是课堂教学的主要部分，教师通过组织教学，使学生了解、掌握功法技术、理论知识等。基本部分一般有新授课、复习课等课堂教学形式。新授课的主要任务是传授新知识，教学新的技术技能，培养学生的基本运动能力。复习课的主要任务是让学生强化、熟练、加深理解已学过的知识与技能，促进学生对功法与知识的理解，完善学生的传统体育养生知识结构，提高学生的运动能力和演练水平等。复习课是提高教学质量不可缺少的环节。

（四）传统体育养生课堂教学的结束部分

传统体育养生课堂教学的结束部分，其主要任务是放松身心和课堂小结。这部分也是完整课堂教学的重要组成部分，主要目的是使学生机体机能逐渐过渡到安静状态，心理调整到日常生活状态。

第三节　传统体育养生教学中的练功偏差及其预防与纠正

一、传统体育养生教学中的练功偏差

传统体育养生教学中的练功偏差是身心障碍的一种体现，学生因自身的生理机

传统体育养生教学中的练功偏差的产生原因与预防

能条件和心理状况不适合进行传统体育养生锻炼，或练功方式、方法不当，违背练功原则，在练功中受到某种刺激等，或在传统体育养生教学中，由于教师的教学方法、教学内容选择不合理等原因，而在练功中或练功后出现的异常身心反应。其表现为人体生理机能紊乱，或精神、情绪、行为失常等异常现象。

传统体育养生教学中的练功偏差的产生原因有：

（一）遗传因素，性格缺陷

习练者在进行传统体育养生锻炼时要了解自己，针对自身状况选择适合自己的功法。性格存在缺陷的人，如过分内向、孤独、敏感多疑的人，或有抑郁状态的人，功法选择不当或缺乏正确指导，均可能产生偏差。

（二）缺乏正确的练习指导思想

不可片面扩大传统体育养生的功能或过分地将其神秘化，更不可盲目追求神通、人体特异功能等；亦不可看书盲目修炼，妄自揣度，追求所谓"高级功法"，或是追求速效，追求高境界，时时都处在练功状态，这样可能陷入不能自制的状态。进行传统体育养生功法锻炼的目的是提高身心健康，进而祛病强身、修身养性。要对练功过程中出现的本体感觉不追求、不留恋、不害怕，对脑海中出现的景象不执着、不入境。要努力提高自控力，对练功过程发生的现象，宜勿忘勿助，顺其自然。

（三）教师教学能力不足

教师要顺利地完成教学工作必须具备扎实的专业知识、过硬的教学技能。传统体育养生属于中华优秀传统文化的重要组成部分，其简单的动作中承载着深厚的文化底蕴。因此，传统体育养生教师须具备较为深厚的学科知识功底，方能游刃有余地指导学生进行学习和锻炼。随着社会的进步，人们获取知识的途径越发广泛，虽然教师可以从书本上获得相关的知识，但教师自身实践经验不足或不能根据所教授学生的实际情况选择和运用恰当的教学方法，也会导致教师不能科学、有效地指导学生练习，甚至误导学生。

（四）教学内容选择不当

当今社会，人们能够接触到的功法有很多，其中有些比较完善成熟，但有的尚有不科学和欠完善之处，有的缺乏临床实践的验证。对这类功法在改进和完善、总结和提高以前，须慎重选用，以免产生偏差。有的教师本身没有很好地掌握教学中的功法，或仅经短期培训，未经系统的学习，对练功中产生的各种问题无法解答，因此可能造成学生出现练功偏差。

二、传统体育养生教学中的练功偏差预防

关于传统体育养生教学中的练功偏差问题，应强调以预防为主。对于练功偏差的预防，可从习练者与教师两方面去要求。

（一）对习练者的要求

首先，习练者要了解自身情况，主动与教师沟通，知道自己能否练功，适合练什么功法，考虑成熟后再着手进行练习。同时，要在有经验的教师具体指导下进行。当练功中出现各种反应和问题时，应及时请教有经验的教师。正确对待练功中的反应，不要盲目或单纯地看书练功，不要"钻牛角尖"。同时，要注重加强思想品德的修养，调整好心理状态，控制好自身情绪。练功前后，切忌与人争吵大怒，扰乱自身气机的正常运行，影响脏腑功能。对练习过程中的外界突发情况要做好一定的心理准备，要从容对待，收敛心神，不恐慌，控制自我，待情绪稳定、心态平和后再练习。

其次，要遵守练功要领，学会技术动作，掌握功法套路，树立正确的练功指导思想。在进行传统体育养生功法锻炼时，要遵守传统体育养生功法锻炼的练功要领，如松静自然、准确灵活、动静结合、练养相兼、循序渐进、持之以恒等。正确地理解与掌握这些练功要领，有利于更好地进行锻炼，提高练功质量，这也是获得良好锻炼效果的关键因素之一。在进行传统体育养生功法锻炼时，要树立正确的练功指导思想，传统体育养生是身心锻炼的一种形式，运用"三调"的方法，通过修炼促进自身与社会、自身与自然的相互和谐，以追求身心的整体健康。

（二）对教师的要求

首先，教师的职业特征决定了教师必须具备良好的业务素质和深厚的专业知识

储备。传统体育养生教师要上好课，应具备娴熟的教学技能，不断提高自身的教学能力，同时，要不断丰富自身的专业知识，能够根据教学对象的实际情况，从练功原则、练习要领等方面进行教学指导，对练功者的实践及其反映的情况，要多加分析，要避免主观主义、教条主义和经验主义。对不适宜传统体育养生锻炼的人，不进行指导。

其次，对于所教授的功法，应是教学大纲规定的内容，是经过科学验证的或是历史上流传下来的、经长期实践且普及广泛的功法。同时，教师自己没有完全掌握的功法，不传教给学生，因为如果教师对某些功法掌握不当，又没有措施加以预防或纠正，可能会使学生出现偏差。

三、传统体育养生教学中的练功偏差纠正

传统体育养生教学中的练功偏差会使习练者在生理上或心理上出现较为严重的功能紊乱。生理上偏差的表现为常伴有头昏脑涨、胸腹胀痛、肢体麻木、腰背强直、妄动不已、呼吸紊乱、气窜不停等躯体症状；心理上偏差的表现为常有对练功中出现的幻象信以为真，以致情绪波动、精神错乱、孤僻多疑、消极颓废等。因此，对传统体育养生教学中的练功偏差纠正，要正确辨清症状并分析出现偏差的原因，在此基础上，要有针对性地施行纠正和治疗。若是习练者动作僵硬、肌肉紧张或出现由练功强度与练习量过大等原因导致的生理机能紊乱，一方面，习练者需要调整运动强度和运动量，适当休息，避免过度疲劳，也可通过牵拉、拍打或按摩等方法促进症状的消除；另一方面，习练者要遵守练功原则，坚持循序渐进的锻炼，做到量力而行。对于在练功中出现幻象的情况，习练者要及时调整身心或暂停练功，不要被幻象所迷惑，也不要执着于幻象。产生幻象多是意念操作不当造成的，抑或是习练者体质虚弱、精神紧张等原因导致的。

在传统体育养生实践中，很少有习练者出现练功偏差，而且在多数情况下这是能够预防的。要正确认识传统体育养生，它是一种通过自我身心调整进行锻炼的方法，要按照正确的锻炼方法和练习要领去做。

思考题

1. 传统体育养生教学的基本特点是什么？
2. 如何理解传统体育养生教学的三个阶段？
3. 如何理解传统体育养生教学中的练功偏差的产生？
4. 如何预防传统体育养生教学中出现练功偏差？

第七章
传统体育养生交流比赛的组织与规则

【章前导言】

本章主要介绍了传统体育养生交流比赛的概念与内涵，交流比赛的类型与组织形式，交流比赛的组织机构及其分工职责，交流比赛的裁判评分标准等。

【学习目标】

1. 掌握传统体育养生交流比赛的概念。
2. 了解传统体育养生交流比赛的类型与组织形式。
3. 了解传统体育养生交流比赛中编排记录工作的主要内容。
4. 认识传统体育养生交流比赛的组织框架及其分工。
5. 掌握传统体育养生交流比赛的评分标准。

第一节　传统体育养生交流比赛概述

一、传统体育养生交流比赛的概念

传统体育养生交流比赛是指由各级主管部门主办或由各级主管部门管理下有关协会、社团举办的，以各类传统体育养生功法比赛为主要形式，辅以展示、研讨、培训等活动；以提高技术水平、检验教学训练效果、交流练功心得、促进参与各方之间的友谊、推动传统体育养生功法在社会上广泛开展为目的的交流和比赛活动。

一般而言，传统体育养生交流比赛应该由各级主管部门举办，或要经过主管部门审批方能举办。

传统体育养生交流比赛的功法一定是中国传统的养生功法。换言之，其手段是调身、调息和调心的，其准则是三调合一的。要以比赛功法技术为主，但也可在比赛期间组织如表演展示、培训考核、报告研讨等形式多样的活动，这些活动相对淡化比赛，增加了学习交流的内容。

传统体育养生交流比赛的目的较多，要以检验教学、训练水平、提高技术为主，但不能把功法比赛成绩作为唯一目标；还应该从多方面考虑其效益，如促进交流、增进友谊、扩大影响、拓宽受众等，进而达到推广普及、促进大众身心健康之目的。

二、传统体育养生交流比赛的简介

（一）目前国内外传统体育养生的主要赛事

1. 健身气功比赛

健身气功比赛指的是由国家及各地体育主管部门或协会组织的健身气功功法比赛和交流活动。比赛的功法只限定为国家体育总局健身气功管理中心组织创编推广的功法，如健身气功·易筋经、健身气功·八段锦、健身气功·五禽戏等。近几年还增设了由各地各代表队自己创编的健身气功·气舞项目比赛。这种比赛一般采用赛会制，每年定期举办1～2次。目前主要的赛事有：

（1）健身气功高等院校比赛。如"××××年全国健身气功高等院校比赛"，

目前国内外传统体育养生的主要赛事

还有省、市、县一级的比赛等。

（2）不同级别的健身气功站点联赛。如"××××年全国健身气功站点联赛总决赛"，还有省、市、县一级的比赛等。

（3）不同级别全运会群众比赛健身气功项目。一般每四年举办一次。如"第×届中华人民共和国运动会群众赛事"，还有省、市一级的比赛等。

（4）单项功法全国比赛。一般每年举办一次，如"第×届全国健身气功·八段锦交流比赛大会"，还有健身气功·易筋经、健身气功·导引养生功十二法等功法都举办过全国单项比赛。

（5）中国老年人体育协会举办的健身比赛也会设立健身气功功法的比赛项目，一般每年举办一次。

（6）"两岸四地"赛事活动。一般每年定期举办一次，由中国健身气功协会和香港赛马会共同举办，有大陆（内地）、港、澳、台等四地练功者参加的健身气功比赛，如"第×届两岸四地健身气功交流比赛大会"。

（7）世界或洲际交流比赛。每两年定期举办一次，由国际或洲际健身气功联合会主办，如"第×届世界（或×洲）健身气功交流比赛大会"等。

（8）中国国际健身气功交流比赛大会。每两年定期在中国安徽九华山举办一次，由国际健身气功联合会主办，如"第×届中国国际健身气功交流比赛大会"。

此外，还有中国老年人体育协会、各行政机关、各行业组织的一些健身气功比赛等。

2. 其他养生功法比赛

（1）中医院校和体育院校技能大赛中设有的传统中医养生功法或传统养生功法比赛。

（2）导引养生功比赛。如"北京体育大学导引养生功国际比赛"，该赛事自1992年创办，至今已举办15届。

（3）体育养生技能大赛。各个高校都会按期举办"体育养生技能大赛"，内容包括各校开设的一些体育养生功法。北京体育大学每年均举办一次"北京体育大学体育养生技能大赛"，该赛事自2010年开办至今，已连续举办8届。

（4）其他一些功法的单项交流比赛。如练功十八法、内养功交流比赛等。这类功法，每年都会有国际赛事。

（二）传统体育养生交流比赛的类型

1. 单纯功法比赛

单纯功法比赛指的是仅组织功法技术比赛，并且按比赛成绩高低顺序取名次或获奖等级的各类综合运动会、单项比赛等。如全运会群众健身气功比赛、高等院校健身气功比赛、健身气功站点联赛等。这种形式的比赛以提高功法技术水平、推广普及功法为目的。

传统体育养生交流比赛的类型和组织形式

2. 功法比赛＋知识问答

功法比赛＋知识问答指比赛不仅有功法技术内容，还有结合回答功法理论知识的环节，通常是在功法表演结束后立即进行，答对不扣分，答错则最后得分要在功法技术得分基础上扣除0.1~0.3分。这种形式的比赛不仅有助于提高功法技术水平，还可有效提高理论水平，从而使参赛者能更好地理解功法，对其提高练功效果有利，可以更好地为推广普及功法服务，在北京体育大学每年都组织这类比赛。

3. 功法比赛＋表演展示＋知识比赛

功法比赛＋表演展示＋知识比赛指在功法比赛的同时，还设置功法表演（不评定分数）和知识比赛。这种组织方式，较为符合体育养生的特征，使参与者身心放松地体验、交流学习的快乐，能有效地达到增长知识、提高技艺、增进友谊之目的。在北京体育大学导引养生功国际比赛中，每届都设立表演项目。在2020年"全国首届健身气功·导引养生功十二法比赛"中，设有"养生知识比赛"的内容。

此外，在体育养生交流比赛期间，组织者还会根据需要，有的放矢地增设一些活动版块，以便进一步丰富交流比赛的内容，照顾各方面受众群体，提高其宣传价值，进而达到扩大影响之目的。如在世界健身气功比赛中，就设置了"健身气功学术研讨会""健身气功国际段位考试""健身气功国际裁判员考试""健身气功国际裁判员学习班""健身气功功法学习班"等活动。还有些比赛设置了"高峰论坛""知识竞赛""练功体会交流报告会"等。有的比赛甚至和中医、中药、养生、养老等行业联合办会，使之成为健身养生、医疗保健、养老的嘉年华活动。实践证明，上述活动，可以起到活跃比赛气氛、促进交流提高、提升宣传影响的效果。但所有这些活动一定是围绕体育养生功法比赛来进行的，也就是说以比赛为主、其他为辅。设置哪些活动，以及是否设置，一切应该以有利于提升比赛效果为目的。

(三）传统体育养生交流比赛的组织形式

1. 线下比赛及展演

线下比赛及展演即主办单位委托承办单位采用赛会的形式，在活动现场组织的功法比赛、表演或知识比赛等活动。该方法属于传统的交流比赛活动形式，组织比较规范，参赛者和组织者面对面交流，有助于最大限度地实现体育比赛的目的，达到提高技术、交流思想和增进友谊的理想效果，从而为更好地推广普及和提高体育养生功法及功理服务。

2. 线上比赛及展演

线上比赛及展演即主办单位自己或通过委托承办单位，利用互联网平台，进行网上直播或录播比赛。其优点是节约经费，绿色环保，不受各种突发事件的影响，但其时效性、准确性有待提高，并且由于不能身临其境，对参赛者的心理体验和在交流思想、互相促进、增进友谊等方面可能产生一定的消极影响。

3. 线上加线下比赛及展演

线上加线下比赛及展演是将线上、线下两种形式结合起来进行的比赛及展演活动。具体方式有：

（1）预赛阶段安排在线下（或线上）举办，决赛阶段则安排在线上（或线下）举办。这种赛制或展演的特点是：其一，可以减少不必要的开支，给更多的爱好者参赛与展演的机会；其二，可以有效应对各种突发事件，使比赛展示活动不会由于突发事件而被迫中断。

（2）功法技术比赛安排在线下，功法和养生知识比赛及功法展演安排在线上。这样安排可有效提高办赛规模，并且可以很好地保证比赛质量和效果。

第二节　传统体育养生交流比赛的组织

一、制定传统体育养生交流比赛规程

交流比赛规程由主办单位根据交流比赛的目的和任务而制定，它是整个交流比赛工作的依据，是对交流比赛组织者和参加者的指导性文件，直接关系到交流比赛活动的成败。制定交流比赛规程要注意：

（1）制定交流比赛规程要周密、细致，用语精练、准确，并且要在交流比赛正式举办前较长一段时间开始拟定，在一定范围内进行调研，征求意见，并由主办单位开会审定。

（2）要将审定后的交流比赛规程会同申请报告等相关材料，一起上报上级主管部门，逐级审批后，方可执行。如"北京体育大学国际导引养生功比赛"的比赛规程，要由主办单位北京体育大学中国武术学院组织制定，并逐级上报北京体育大学、国家体育总局健身气功管理中心、国家体育总局对外联络司、国家体育总局办公厅等各级部门审批，待申请报告批复下来后，方可组织比赛。

（3）比赛规程要提前发给各有关单位及人员，以便他们认真阅读，全面理解，早做准备，并遵照执行。

（4）交流比赛规程要提示"未尽事宜，解释权归属大会组委会"。

（5）交流比赛的命名及奖励办法不同于竞技体育，要强调降低竞争性，淡化竞技功能，增加交流、表演、参与的指导思想。在命名上要突出交流比赛互融的宗旨；在奖励方法上一般不采用录取1、2、3名的方法，而是按等级奖励，如一、二、三等奖或一等奖、优秀奖、最佳奖等形式，同时还可设立最佳表演奖、最佳参与奖、健身疗效奖、寿星榜样奖、童星希望奖、最佳坚持奖等，力求扩大奖励面（一般70%以上），缩小奖励档次（一般最多三档），鼓励更多的人参与其中，使之符合群众性交流比赛的特点。

（6）交流比赛规程主要包括以下几点。

① 交流比赛名称。

② 交流比赛的目的、任务。

③ 主办和承办、协办、赞助单位名称。

④ 交流比赛的日期与地点。

⑤ 交流比赛的内容、项目、形式。

⑥ 参赛单位范围、资格、办法及参赛（报名和报到）办法。

⑦ 录取名次与奖励办法。

⑧ 裁判、仲裁和监督人员选派。

⑨ 注意事项、鸣谢等。

二、成立传统体育养生交流比赛组织机构

组委会是交流比赛的重要组织机构，属于临时领导机构，负责交流比赛全过程工作，活动结束即自行解散。其成员来自主办单位领导、承办单位负责人、各队领队、裁判负责人、仲裁委员会领导、监督委员会领导等，也可邀请若干名上级领导或德高望重的专家人士担任名誉主任。组委会一般设主任1名，副主任及委员若干名。组委会应该包括如下机构：办公室（或秘书处）、竞赛委员会、裁判委员会、仲裁委员会、监督委员会。

1. 办公室（或秘书处）

办公室（或秘书处）属于整个交流比赛的管理和服务机构，负责一切与大会有关的竞赛以外的工作，可由1名主任和若干名副主任领导，下辖接待组、联络组、保卫组、医疗组、宣传组、总务组等多个小组开展工作。

2. 竞赛委员会

根据不同的交流比赛规模，可由主办单位将负责本次交流比赛工作的若干人员组成竞赛委员会（或竞赛部、竞赛处）。

（1）竞赛委员会组成。

竞赛委员会一般有主任1名、副主任1~3名、委员若干名。

（2）竞赛委员会职责。

① 监督仲裁、裁判工作，处理赛风赛纪问题。但不得干预仲裁委员会和裁判委员会职权范围内的工作，也不得改变其裁决结果。

② 负责参赛队报名和审核，组织比赛秩序册编排、设计和制作奖品。

③ 负责场内外各种联络及协调工作，包括落实场地器材，准备裁判用品，安排裁判员业务学习，以及使参赛队（队员）熟悉场地等。

④ 组织召开裁判人员、领队及教练员联席会议及抽签工作。

⑤ 负责每日成绩公告，组织颁奖仪式，编印及颁发成绩册，负责比赛场地的善后工作。

3. 裁判委员会

根据不同的交流比赛规模，应由主办单位从参赛或其他相关单位抽调具有相应资质的若干裁判员组成裁判委员会。

（1）裁判委员会组成。

裁判委员会一般有总裁判长1名，副总裁判长1~2名，裁判长1~2名，编排记录长1名，检录长1名，裁判员若干名，辅助人员若干名。

裁判员最少不得少于3名（健身气功交流比赛，因为设置A、B组裁判员，其中A组裁判员至少3名，B组裁判员至少3名，故最少需要裁判员6名）。具体需要几名裁判员，要依据比赛规模、举办条件、比赛目的、比赛要求等决定。

辅助人员一般有编排记录员1~2名，检录员3~5名，记分员1~2名，计时员1名，宣告员1名，放音员1名，摄像员2名，计算机操作员2名，有条件的情况下可相应配备电子计分辅助人员1~2名。

（2）裁判委员会工作职责。

① 总裁判长。负责大会各项裁判工作，包括赛前准备、赛中执裁、赛后总结；调动管理裁判员，保证比赛规则的执行，负责解释但不得修改比赛规则；审核并宣布比赛成绩。

② 副总裁判长。协助总裁判长工作，在总裁判长缺席时代行总裁判长职责。

③ 裁判长。负责裁判员的业务学习，具体组织裁判工作，行使裁判长扣分职能。对裁判员的错误，要及时纠正，必要时可向总裁判长提出处理建议，但不得干预裁判员的独立评分。

④ 编排记录长。负责比赛秩序册编排、成绩记录等统计工作，主要包括审查报名表、编排秩序册和成绩册、准备比赛表格、审核成绩和排列名次等。

⑤ 检录长。负责比赛检录工作，包括在比赛中点名检查人数、核验身份证件、参赛号码，检查服装、器械，按上场顺序检录、引导队员入场和退场，报送检录表格等。在比赛期间或结束后，应帮助组织颁奖活动。

⑥ 裁判员。在裁判长的领导下工作，要求严格执行比赛规则，独立评分，做到公正、公平、准确、迅速，并做好详细记录。

⑦ 辅助人员职责略。

4. 仲裁委员会

根据不同的交流比赛规模，可由主办单位抽调若干相关领导或专家组成仲裁委员会。

（1）仲裁委员会组成。

仲裁委员会一般有主任1名，副主任若干名，委员若干名。仲裁委员会总人数一般须为单数。

（2）仲裁委员会职责。

① 受理参赛单位对裁判人员履行交流比赛规程、规则的异议申诉，并及时进行调查、听证、审议和作出裁决。

② 召开仲裁委员会会议，出席人数超过半数作出的决定方为有效。

③ 仲裁委员会裁决裁判正确时，以书面形式通知申诉单位，并说明理由；裁决裁判错误时，依照规则进行改判，并以书面形式通知裁判委员会和申诉单位。仲裁委员会对申诉所作出的决定为最终裁决，并报竞赛委员会备案。

④ 对仲裁发现的在比赛中出现错判的裁判员，视情节轻重进行批评教育或建议竞赛委员会依据主管部门关于赛风赛纪的有关规定给予相应处罚。

⑤ 仲裁委员会对参赛单位提出的申诉规定以外的裁判异议进行调查处理，但不改变裁判结果。

⑥ 对不服从仲裁裁决的个人与单位，视情节轻重可建议竞赛委员会给予通报、取消比赛成绩、取消比赛资格等处分。

5. 监督委员会

根据不同的交流比赛规模，可由主办单位抽调若干相关领导或专家组成监督委员会。

（1）监督委员会组成。

监督委员会一般有主任1名，副主任若干名，委员若干名。监督委员会总人数一般须为单数。

（2）监督委员会职责。

① 对组委会负责，负责监督、约束仲裁委员会和裁判委员会不当使用权力的情况。

② 具有终止仲裁委员会和裁判委员会成员行使权力的权力；但不能涉入仲裁委员会和裁判委员会各位成员的工作，也不得改变仲裁委员会和裁判委员会的裁决结果。

③ 监督委员会须在掌握代表队或监督委员会成员提出的书面报告和调查证实仲裁委员会或裁判委员会成员有不当行为的前提下行使终止权力。

三、完成编排记录工作

传统体育养生交流比赛应做好比赛秩序册编排和成绩记录等工作。比赛秩序册编排是赛前一项重要的基础工作，它是比赛合理、正常、有序进行的保证，比赛秩序册要周密细致、科学合理、统筹兼顾、简单明了，以使比赛正常运转。在编排比赛秩序册的过程中，比赛场次及时间秩序的安排，既要保证运动员在相同的条件下发挥技术水平，又要考虑到裁判人员及工作人员要劳逸结合，还要兼顾场地后勤条件及观众的上座率。

（一）比赛秩序册的编排步骤及方法

（1）依据比赛规程的相关内容和组织比赛相关条件，如日程安排、比赛内容、比赛办法、比赛组别、比赛规模、场地交通情况、有关竞赛的其他规定等，制定编排方案，填写相关比赛统计表格。

（2）按照比赛规程审查报名表，统计参赛人数、队数，以及各队、个人参赛项目数（填写相关统计表）。

比赛秩序册的编排步骤与比赛日程的编排原则

（3）根据统计结果按照比赛的实际天数和场次制定比赛日程表，落实每一项目、每一单元、每一场次、每一场地的比赛。

（4）编排比赛秩序册的过程中，尤其是确定比赛日程时要耐心细致，要反复进行检查修改，并进行三级校对审批，杜绝遗漏、错位等错误。

（二）比赛日程的编排原则

（1）每单元各场地（针对比赛有两个或多个场地）的比赛时间基本相同，即一般要求同时开始、基本同时结束，以保证大会气氛协调和各项工作步调一致。

（2）同一项目的比赛应尽量集中在同一时间段（或单元）连续进行，有助于裁判评分尺度的统一和参赛队（队员）的水平发挥。

（3）同一时间的两个或多个场地，应安排不同项目、不同内容、不同组别的比赛，有助于裁判尺度的统一性，但要尽量避免有兼项的参赛队（队员）在时间上发生冲突。

（4）同一参赛队（队员）在同一场次（或单元）比赛中若有两项或两项以上比赛，则应考虑将两项赛事时间间隔控制在1小时以上，以让该参赛队（队员）在两项比赛之间有一定的休整时间，或在最后一项比赛中将该参赛队（队员）安排在最后上场，以利于参赛队（队员）的水平发挥，并最大限度避免意外的发生。

（5）每一项目比赛中第一个（组）出场的参赛队（队员）应该避免是同一参

赛队（队员）。在抽签时应设置条件后进行随机抽取，以确保参赛的各队（队员）出场顺序相对均衡。

（三）应编排记录的具体工作

应编排记录的具体工作对于传统体育养生交流比赛的顺利开展非常重要，并且贯穿赛前、赛中和赛后整个过程。

（1）比赛前。应审查报名表、编排比赛秩序册，设计准备各类表格，包括动作规格评分表、演示水平评分表、裁判长扣分表、比赛检录表、评分记录表、成绩表等。

（2）比赛中。应及时回收每项、每场比赛的评分记录表，核查记录结果，审核成绩，录入成绩。评分记录表应由裁判长签名，并应细心保存，以备查询。各项比赛成绩经总裁判长审核、签字后，应及时公布。

（3）比赛后。应及时做好单项、集体、团体名次的录取排名工作，并编排成绩册。成绩册经总裁判长审核签名后交竞赛处，用于颁奖、印刷。

第三节　传统体育养生交流比赛通则和评分

一、传统体育养生交流比赛通则

传统体育养生交流比赛通则是整个活动组织的指导性文件，对顺利进行各项工作具有导向性作用，健身气功交流比赛有较为成熟的交流比赛通则，原则上所有体育养生交流比赛都可以参照执行，在这里只是针对一般基层组织更多形式交流比赛的实际情况，提出一些比赛组织原则。

（1）比赛类别。比赛一般包括个人赛、集体赛、团体赛。一般个人赛和集体赛可按年龄、性别、身体条件和水平等进行分组，团体赛则可有小团体分数和团体总分之分，一个单位不同组别的各项目个人赛和集体赛得分之和为其小团体分数，而一个单位所有组别、项目的个人赛和集体赛得分之和则是该单位的团体总分。

（2）项目要求。不同功法体系可根据实际需要和条件设置相应的项目。如健身气功交流比赛只设置由中国健身气功协会推广的健身气功功法及各参赛队自编的健身气功·气舞。导引养生功交流比赛，一般设置导引养生功徒手功法系列20多套，养生太极系列10多套，养生器械系列10多套。当然，一次交流比赛不会把所有的功法都设置上，会根据情况，每届有计划、有重点地选择适当数量的功法进行交流比赛。设置的项目应以动功为主，并具有科学、安全、有效、优美、普及面较广等特点，还应要求动作统一规范，以便裁判员评判。

（3）音乐要求。每个比赛项目的背景音乐须采用比赛规程规定的音乐。每项交流比赛的音乐要统一，不宜过长（3~6分钟为宜），且要和功法节奏、韵律相符，并为参赛者和评判者所熟悉。

（4）服装要求。裁判人员着装要统一，可以按主办单位要求着大会定制的裁判服，也可以按照大会要求自行准备，一般要求为深色西服、黑皮鞋。参赛队应按大会要求着装，有指定款式的服装，也可自行准备，但要求着装宽松、安全，不佩戴饰物，以免影响气血循环。

（5）比赛顺序。应该在竞赛委员会和总裁判长的组织下，由编排记录组实施抽签来决定，抽签采取随机抽样原则，但要结合实际情况和编排原则，设置相应条件，力求使抽签结果公正合理。

（6）赛前检录。参赛队员在赛前30分钟到达指定地点报到，参加第一次检录。赛前10分钟则进行第二次检录。两次检录未到者，视为弃权。

（7）礼仪要求。参赛队员在比赛开始前和完成比赛项目及领分后，应向裁判长行大会或各功法体系规定礼。

（8）示分方式。一般包括公开示分、不公开示分。公开示分有助于提高评判结果的公正性和优秀选手的引领作用；不公开示分则可以淡化竞争，营造宽松祥和的养生氛围。公开示分要求迅速、准确、醒目，并由裁判长或宣告员清晰播报后撤销。

（9）确定名次。团体赛名次，可根据比赛规程规定计算总分，排定名次。个人或集体项目名次，则应按照各个功法体系的规则来确定。一般按比赛成绩由高到低排列名次，如若比赛成绩相等，则名次可并列，并按并列队（或个人）的数量，空缺后续名次。例如，第二名有三名并列，则第三、四名成绩空缺。健身气功交流比赛的取名次方法比较成熟合理，一般可以借鉴。

（10）申诉规定。仲裁委员会只接受各参赛代表队对裁判长或裁判员不合理扣分、评分异议的申诉；申诉的内容要有时限性，应为裁判长宣告该项目比赛成绩的30分钟内，申诉必须书面，并须交付一定的申诉费，无论仲裁结果如何，申诉费不予退回。

二、传统体育养生功法评分方法、评分标准和评分要点

传统体育养生交流比赛要淡化竞赛，强化交流展示，但也不能没有评分方法和标准。如果是健身气功交流比赛，应该严格按照健身气功交流比赛的评分方法和标准公正执裁，其他项目的基层普通交流比赛则可以参照下列方法和标准操作。

传统体育养生功法评分方法与评分标准

（一）传统体育养生功法评分方法

（1）集体赛和个人赛总分值均为10分。

（2）集体赛分数分配。动作规格分值6分，演练质量分值3分，整齐划一分值1分。

（3）个人赛分数分配。动作规格分值7分，演练质量分值3分。

（4）一般每组安排3名以上裁判员，裁判员人数应该为单数，裁判员出示分数后，要视情况去掉若干最高分和最低分，余下的分数取平均分，保留小数点后两位（小数点后第三位可四舍五入），此即为该队或个人最后得分。

例如，设有5名裁判员，则去掉一个最高分和一个最低分，余下三位裁判员评分的平均分即为该队（个人）最后得分。若有9名裁判员评判，则可以去掉最高的两个分数和最低的两个分数，余下5名裁判员评分的平均分即为该队（个人）最后得分。

（二）传统体育养生功法评分标准

1. 集体赛

（1）动作规格。分值为6分，要求动作正确到位，符合技术要求，如有与功法动作方法、过程、轨迹、规格不符者，每人每次扣0.1分，如出现遗忘、摔倒、扶地、遗落器械、点按捶叩穴位不准确等情况视情节轻重，每人每次扣0.1~0.3分，但每式全队扣分总和，不得超过该式分值。最后用6分减去全队所有被扣分之和，

即为该队的项目规格得分。

（2）演练质量。分值为3分，要求符合功法特点，裁判员可从其演练是否体现协调柔和、连贯圆活、虚实分明、精神饱满、气感充盈，吐字发声是否准确清晰，呼吸是否顺畅，眼神运用是否符合功法要求，与音乐歌诀的配合是否协调，以及着装效果等方面进行评价，给予分数。

（3）整齐划一（包括进退场）。分值为1分，要求连贯协调，步调一致。凡出现动作不一致、步调不统一的现象，每人每次扣0.1分，若一个动作反复出现不整齐现象，扣分不得超过0.3分。

（4）其他。着装违规、饰物违规、比赛延时、比赛时间不足、人数不足和重做等情况，每出现一次，裁判长可扣0.1分，全队一项比赛该部分扣满0.3分为止。

2. 个人赛

（1）动作规范。分值为7分，具体标准同集体赛，最后得分为7分减去个人全部被扣分数之和。

（2）演练质量。分值为3分，具体标准同集体赛。

（3）裁判长扣分。同集体赛标准。

（三）传统体育养生功法评分要点

各项功法均应该制定自己的评分要点，评分要点应包括从起势到结束的各式名称，以便裁判员执行和参赛者参照练习。

注：健身气功交流比赛的竞赛组织和裁判，要严格执行由中国健身气功协会审定的《健身气功竞赛规则（试行）》。

《健身气功竞赛规则（试行）》

思考题

1. 如何理解传统体育养生交流比赛的概念？
2. 如何认识传统体育养生交流比赛各种形式的优点与不足？
3. 如何认识传统体育养生交流比赛的组织框架及其分工？
4. 如何看待传统体育养生交流比赛的竞技性？

参考文献

[1] 南京中医药大学. 黄帝内经素问译释[M]. 4版. 上海：上海科学技术出版社，2009.

[2] 崔乐泉. 中国体育通史（第一卷）[M]. 北京：人民体育出版社，2008.

[3] 邓铁涛. 中国养生史[M]. 南宁：广西科学技术出版社，2017.

[4] 吴志超. 导引养生史论稿[M]. 北京：北京体育大学出版社，1996.

[5] 于志钧. 中国太极拳史[M]. 北京：人民大学出版社，2012.

[6] 张祥浩. 中国哲学思想史[M]. 南京：南京大学出版社，2015.

[7] 邱丕相. 中国传统体育养生学[M]. 北京：人民体育出版社，2007.

[8] 刘小华. 中国古代养生思想研究[M]. 哈尔滨：黑龙江教育出版社，2006.

[9] 虞定海. 传统体育养生教程[M]. 北京：高等教育出版社，2011.

[10] 刘天君. 中医气功学[M]. 3版. 北京：中国中医药出版社，2012.

[11] 张孝芳，徐荷芬. 气功养生学[M]. 南京：南京大学出版社，1989.

[12] 杨柏龙. 气功标准教程[M]. 北京：北京体育大学出版社，2006.

[13] 国家体育总局健身气功管理中心. 健身气功标准教程[M]. 北京：人民体育出版社，1998.

[14] 刘贵珍. 气功疗法实践[M]. 石家庄：河北人民出版社，1982.

[15] 庄元明. 练功十八法[M]. 上海：上海文化出版社，1981.

[16] 张广德. 导引养生功[M]. 北京：中国展望出版社，1984.

[17] 李秉德. 教学论[M]. 北京：人民体育出版社，2001.

[18] 刘锡梅，燕呢喃. 体育竞赛裁判学[M]. 北京：高等教育出版社，2011.

[19] 武术套路竞赛规则与裁判法（2012）[M]. 北京：人民体育出版社，2013.

[20] 健身气功竞赛规则2012[M]. 北京：人民体育出版社，2013.

郑重声明

高等教育出版社依法对本书享有专有出版权。任何未经许可的复制、销售行为均违反《中华人民共和国著作权法》，其行为人将承担相应的民事责任和行政责任；构成犯罪的，将被依法追究刑事责任。为了维护市场秩序，保护读者的合法权益，避免读者误用盗版书造成不良后果，我社将配合行政执法部门和司法机关对违法犯罪的单位和个人进行严厉打击。社会各界人士如发现上述侵权行为，希望及时举报，我社将奖励举报有功人员。

反盗版举报电话　（010）58581999　58582371

反盗版举报邮箱　dd@hep.com.cn

通信地址　北京市西城区德外大街4号
　　　　　高等教育出版社法律事务部

邮政编码　100120

读者意见反馈

为收集对教材的意见建议，进一步完善教材编写并做好服务工作，读者可将对本教材的意见建议通过如下渠道反馈至我社。

咨询电话　（010）58581965

反馈邮箱　yangchen@hep.com.cn

通信地址　北京市朝阳区惠新东街4号富盛大厦1座21层高等教育出
　　　　　版社体育分社

邮政编码　100029

防伪查询说明

用户购书后刮开封底防伪涂层，使用手机微信等软件扫描二维码，会跳转至防伪查询网页，获得所购图书详细信息。

防伪客服电话　（010）58582300

图书在版编目（CIP）数据

传统体育养生理论 / 国家体育总局科教司组编；胡晓飞主编. -- 北京：高等教育出版社，2024.1（2025.8重印）
ISBN 978-7-04-060059-9

Ⅰ.①传… Ⅱ.①国… ②胡… Ⅲ.①体育保健学 Ⅳ.①G804.3

中国国家版本馆CIP数据核字(2023)第036834号

Chuantong Tiyu Yangsheng Lilun

策划编辑	易星辛	出版发行	高等教育出版社
责任编辑	杨 琛	社　　址	北京市西城区德外大街4号
封面设计	李沛蓉	邮政编码	100120
版式设计	马 云	印　　刷	北京中科印刷有限公司
责任绘图	易斯翔	开　　本	787mm×1092mm　1/16
责任校对	刘俊艳　刘丽娴	印　　张	11.75
责任印制	张益豪	字　　数	190千字

购书热线　010-58581118
咨询电话　400-810-0598
网　　址　http://www.hep.edu.cn
　　　　　http://www.hep.com.cn
网上订购　http://www.hepmall.com.cn
　　　　　http://www.hepmall.com
　　　　　http://www.hepmall.cn

版　次　2024年1月第1版
印　次　2025年8月第2次印刷
定　价　24.90元

本书如有缺页、倒页、脱页等质量问题，请到所购图书销售部门联系调换
版权所有　侵权必究
物 料 号　60059-00